ビザンティンの庭
GIARDINO BIZANTINO

画・文 **田代桂子**

石風社

ビザンティンの庭

◉目次

ビザンティンの庭

バルカン半島

ザグレブ
クロアチア
プリトビッツェ
ボスニア
ヘルツェゴビナ
ユーゴ
スラビア
ルーマニア
ブカレスト
黒海
ブルガリア
ソフィア
アドリア海
スプリット
ドブロヴニク
アルバニア
マケドニア
トルコ
イスタンブール
マルマラ海
トルコ
ギリシア
アテネ
エーゲ海
地中海

ケレンとアビディン

　バルカン半島に行きたい。

　数年前にルーマニアとブルガリアを訪れた時、辺境の人々の、国家の事情などには揺り動かされない大地のような在りようにふれた思いをしたのが、とても心に残ったのである。

　イスタンブールを拠点にして、大まかな場所と期日を決めて準備にかかると、バルカンの国々も、飛行機の格安探しや、持っていく衣類、化粧水など、旅のすべてが急にわたしに近づいて来て、思いが弾む。


　出発前にポルトガルに住む兄からファクスが来た。

　彼にとってバルカン半島は陸続きであるだけに一部の内戦事情は身近な問題でもあり、具体的な現実をあげて、まだ女には危険であると書かれていて、今回のわたしの旅を中止させたいという内容のものだった。中でも目を引いたのは、難民の若い娘は四〇〇ドルで売られていて、彼の住んでいる小さな町にさえもそういう少女を見かけるようになった、というところだった。

　若い娘が四〇〇ドル（たったの五万円）なら……わたしはいくらだろう、三〇〇ドル？……ユルセナイ！

　旅はどんなに生き生きとしたもの、新しいもの、自由なものを与えてくれるだろうか。

　もう、すでにわたしの心は旅立っていた。

　それに、一緒に行く征子さんとの二人旅も決まっていたのである。中学のころ同級生の彼女とは一緒によく遊んだが彼女は中学卒業と同時に引越し、五年前にひょんなことから再会した。しっかりした人だ、彼女がいればヘマをすることもないだろう。

　兄には心からのお礼状を書いて出発した。


　イスタンブールは、ひと昔前の記憶をはっきりと甦らせた。どこか妖しい、どこか人なつっこいカオスの匂いを発している。

到着した次の日、私たちはアヤソフィアの前のベンチに腰かけて午後の予定を話し合っていた。征子さんは地下宮殿へ行き、わたしはブルーモスクをスケッチする。

そこへ二人の男が「ニホンノカタデスカ?」と近づいて来た時、わたしは「来た!」と思った。

イスタンブールのこの辺りでは一〇メートルも歩くと男が声をかけてくる。「コニチワ」、「ゴキゲンイカガデスカ」、「チョト、マッテクダサイ」、「ミルダケ」、「トルコアンナイ、ヤスイヤスイ」、「カッパドキアのツアーアリマス」……まちがえて「ニーハオ」というのもある。反応しなければ「アニョンハシムニカ」たて続けに「コニチワ」。

台湾人、韓国人、日本人のどれかに当たるだろうというやけっぱちなのもいるにはいるが、ほとんどの男たちは、わたしにしても見分けられないアジア人をメシの種の第一歩と努力しているのだ。彼等はスペイン人、イタリア人、フランス人、ドイツ人も見分けると言う。

わたしは二人の男の目的を探りながら話しをした。

名前はケレンとアビディン。二人のきれいな日本語には驚いた。彼等はイスタンブールの大学で日本語を専攻し、今は会社員だが、いつの日か日本に行くのが夢だ、と話している。

ケレンはがっちりとした体格に見上げる程の背の高さ、アメリカ映画スターのだれかに似ているのが思い出せなくて、「えーっと、ダンス映画に出てた……」「ジョン・トラボルタですか」と自分の方から言い当てながら困ったような嬉しいような表情をしたところを見ると、よく人から言われるのかも知れない。イスタンブールのトラボルタは、トルコでもあまり見かけない白っぽい麻のスーツをさりげなく着こなしていて、おしゃれだ。

アビディンはネクタイ、スーツ姿。ケレンより年上に見え、どんなことでも、まるで歴史家のように順序良く、ていねいに話す。彼はイスタンブールの雑踏の中にいると、とても見つけられないだろうと思うほど、身長も肌の色も平均的トルコ人。少し異なるのは人々よりまゆ毛が薄く、目が奥にひっ込んでいて地中海地方に多いラテン系の顔に見えるところだろうか。だからトラボルタの話の時に「ボクはだれに似てますか?」と聞かれたが答えられなかった。

次の日は日曜日。ケレンとアビディンがイスタンブールを案内してくれる。

早めの昼食はガラタ橋近くのレストランだった。橋の手前のエミノニュ界隈はいつ

イスタンブール

も人であふれている。

車やバスが通る道路をはずれると、土埃りの中に大きな石が散乱していて、その石を利用してジーパンを並べて売っていたり、上にベニア板をひいて下着を広げていたり、お盆程度のものに数個のタバコを乗せて売っていたり、電池売り、ネジ売り、靴屋、Tシャツ屋とあらゆる生活用品が無秩序に置かれている中を縫うように多くの人が動き回っている。

さらに車やバスのクラクションの音、船のエンジンの音、マイクの声、子供の物売りの声、ラジカセの音楽。したたかな喧噪に圧倒されながら、迷わないよう、私たちは大きなケレンのうしろにくっついて歩いた。

高台の建物の一つにレストランの看板が見える。そこへ入り、三階の屋上《テラス》まで上ると日ざしを避けるために開閉式のテントが張ってあるが、それでも焼けるように暑い。隅には大きな扇風機が音をたてて回っている。青く輝くボスポラス海峡や金角湾、眼下にはガラタ橋、橋の上には釣り人がずらりと並んでいる。

私たちが喜んでいるのを見てアビディンは「ここはイスタンブールの人しか知らない良い景色とおいしい料理のところです」と静かに説明しながらトルコの代表的な料理をメニューの中から選んでいる。彼らはイスラム教徒だからビールも飲まない。四人とも、まず冷えたヨーグルトジュースを注文した。

料理はピーマンと羊の肉を串にさしたシシケバブ、羊の焼肉を薄くスライスしたドネルケバブ、羊肉をハンバーグにしたキョフテ、なすの詰めもののドルマ、焼きなす、トマトサラダ、ピラフ、それぞれのお皿にはインゲンや何かの葉が添えられている。次々と運ばれてくる料理でテーブルの上はあふれそうだった。

それぞれの料理の中から好きなものを自分の取り皿に移して食べる。

二人に悪かったけど多すぎた。それに……なじみのない香辛料が口に合わず、どのお皿も半分は残ったままだった。

冷たいヨーグルトジュースはとてもおいしくて、次の日から他のレストランでも注文したが、どの店にもなかった。

食事が終ると、また猥雑な活気の中を通り抜けて連絡船に乗り、ボスポラス海峡を渡ってアジア側のユスキュダルに行った。

海峡の中に、ポツンと小さなお城が浮んでいる。

「クズ島です」とケレン。島というよりは塔のある一軒の建物が海に漂っているようだ。

ケレンはその塔にまつわる哀しい物語を聞かせてくれた。王家に生まれたばかりに暗い運命を背負う話は多い。クズ塔は長い間、幽閉の塔として使われ、最近になってレストランに使用されるようになったそうだ。

少し先のマルマラ海の沖合いにも「皇子たちの島」というクズ島よりは大きい島もある。ビザンティン時代、帝位を追われた皇子や皇女たちが流された怨念と悲しみの島である。

ケレンは「ソノトキイ?、オヒメサマワァ?」と言葉の語尾を上げて紙芝居みたいな話し方をする。

丘の上のオープンカフェで話しをしている時にも小舟が観光客をクズ島へ運んでいくのを見た。わたしはクズ島の奥に霞んでみえる古都イスタンブールを背景に絵を描いた。多くの権力者たちが贅をきわめ、血なまぐさい殺戮をくり返したその風景は、霧のような憂愁を漂わせて見える。

なぜこんなに親切にしてもらえるのか尋ねてみた。二人同時に、

「日本人が好きだからです」

日本人と答えるだけで相手が優しい表情になり、快く受入れられる経験は、以前トルコに来た時も感じていた。

アビディンが順序良く話してくれた。子供の時、学校で日本のことを習った。十三世紀ごろからオスマン帝国は勢力を拡大していき、やがて近代化に乗り遅れて衰退しつつある時にバルカン半島をめぐってロシアから追い打ちをかけられ、戦いに破れた。この憎っくきロシアをやっつけたのが東洋の小さな国、日本だ(日露戦争)と言うのだ。一時期、世界地図を塗り変えた程のトルコ帝国の誇りを日本によって持ち直した、とでも言うように。

トルコでは女性も子供さえもこのことを知っている。また、他にも両国の友好的な関係を学習していて日本の印象は良いそうだ。

アビディンは日本に行ったこともないのにキュウシュウ、フクオカケン、の場所を知っている。

私たちはトルコのことを「好きです」というはっきりとした表現では語れない。それ以前に何も知らないのだ。

ふと、ここユスキュダルの歌を知っていることを思い出した。中学生のころ、江利チエミがユスキュダルを「ウスクダラ」と歌っていて、その妖しげな旋律と奇妙な言葉が少女のわたしを見知らぬ国へ運んでくれた。耳から聴こえるままに全部覚えていたのでそのまま歌ってみた。

笑いながら聴いていたケレンが、歌い終ったあとで歌詞を教えてくれた。恋歌だっ

たのか。それから調子に乗って征子さんと二人で「飛んでイスタンブール」を歌い出したが、二人ともさわりのフレーズしか知らなかった。

夜になるとイスタンブールの深い緑は暗い闇に変貌する。夏の夜には時々、ブルーモスクの庭を一般に開放して椅子を並べ、モスクにまつわる物語を無料で観せてくれるそうだ。

モスクのテラスや各ミナレット（尖塔）から虹色の光を出し、喜びや悲しみの表情を光の変化で演出する。幻想的な雰囲気の中で、ケレンが「スルタン・メフメットワァ?」と舞台に中にいるような発音で物語を通訳してくれた。

二日後にクロアチアへ出発する話をすると、二人とも「クロアチア?」と首をかしげている。旧ユーゴの一つの国と言えば分ってくれたがトルコでは何と呼ばれているのだろうか。

クズ島

迷いの森

出発の朝、ケレンとアビディンはホテルへ見送りに来てくれた。二週間分の荷物だけをリュックに入れて、残りの荷物を預ってくれるところを彼等が見つけてくれていたのだ。

クロアチアの首都、ザグレブ空港に降りてすぐ、鉄道のザグレブ駅に行った。普通、駅の周辺には安宿が多いからだ。

駅は社会主義時代に建てられたと思われるような、ただどっかりと大きくて、そのわりには利用者は少ない。ルーマニアやブルガリアの公共の建物もそうだった。

宿をとり、すぐに散策に出た。

今朝までの暑くるしい程の人々の熱気や騒音がピタッとなくなって、なんだかもの足りない。ここはヨーロッパなんだ。

駅から離れるほど、イタリアかどこかにいるように、道路いっぱいパラソルを立てたカフェテラスが並んでいるが、その椅子に腰かけている人は少ない。

私たちは細長いクロアチアをどんなコースで南下していくか話し合った。わたしの興味はこのあとずっとアドリア海に面したところばかりだったから、一度ぐらいは森の中の空気に浸ってみようか、とプリトヴィッツェを選んだのは良かったがホテル探しに困った。

クロアチアでは、列車より長距離バスの方が発達している。次の日バスターミナルへ向かった。ここも大きい。大きくてガランとしている。出発時間まで中をぶらついてみると、バスの行き先はリュブリアーナ、ウィーン、ミュンヘンなどが掲示されていて、ああ大地の上はどんなに遠くまでも行けるのだ……と思う。

プリトヴィッツェはかなり大きな森。森の中に置き去りにされないよう、バス停の近くにホテルがあるかどうか、乗ってすぐ運転手に尋ねると、彼は乗客に聞いている。

乾燥した土地にわずかな田園風景、牛や羊の群れを眺めながら四時間ほど過ぎたころには次第に大きな樹木が増え出し、民家も人影も少なくなってきた。

しばらくすると乗客の一人が「ここです」と教えてくれてバスは止まった。先の方に赤い屋根の建物が見える。看板のような華やかな色が見えたのでホテルだと確信してバスを降りた。

近づくにつれてホテルではないことが分った。

石灰岩の山の多いクロアチアでは、広大な森のあるこのあたり一帯は自慢の別世界。建物はその森の案内所だった。湖の場所やハイキングコースを矢印で示してあるイラスト地図をもらってため息をついた。ホテルの印がない。

私たちはリュックを背負い直して係の人に教えてもらったホテルがあるという「あっち」の方に向かって歩き出した。

やっと人一人通れるような狭くて石ころの多い道を、歩いても歩いても森は深くなり、樹木に覆われて暗くなるばかり……。

左の谷を越えた奥山の峰を、さき程のバスで来た道路が通っていて時々車の通る音がこだまする。

「戻ろうか?」

「でも次のバスは今日、ないかも知れない」

ホテルの場所も知らない運転手! 嘘を教えた乗客! ほんとにこの道って言った? こんなとこ、来るんじゃなかった……次第に機嫌が悪くなり、私たちは互いの無責任ぶりをぶつけあうのだった。

少し広い所に来た。休憩所だろうか、丸太の上に男が一人座っている。ホテルの場所を尋ねてみると二つに分岐した片方の小道をゆび指した。

また黙々と登ったり下ったりする。右側は深い崖になっている。そこに生えている多くの樹木が崖の傾斜に伴って次第に下方へつながり谷底が分らない程に繋っている。谷間は一面太陽の光を浴びてまぶしいような緑の帯が山道と平行していて美しい。

しばらく歩くと谷間の樹木のすきまに何かちらちらと、うす水色のものが見えた。なんだろう。なおしばらく歩くとそれが湖だと分った。ミルク色に少しだけ青色を加えたような、ため息が出るような悲しげな色をした湖があちらこちらに点在している。

私たちは見たこともない自然の不思議に疲れを忘れて佇んでいた。

人影のない深い山の中に妖気さえ漂う湖……見果てもつかない森に迷ううちに蜃気楼が現われたかのようだ。

ふーっとわれに返り、小径の奥に目をやる。この現実を考えるとまた不機嫌になり、疲れが増してくる。

また大きな魅惑の色が見えてきた。

なぜあんな水の色をしているのだろう、湖の底の鉱物や森林と関係があるのだろうか。

何か動いている。細長いヘビがゆっくり前へ進んでいるように見えるのは、よく見ると人だ。湖と湖との間の狭い所を多くの人が一列に並んで動いている。きっと観光客だ。

たとえこの先にホテルが見つかり荷を下ろしても、だれがあんな遠い所まで行くのか、きれいなものはもう見た、「コンリンザイ、あんなところまで行かないから！」と征子さんに断言する。

道が崖から離れてまたうす暗い山道に入り、黙々と歩くと、まもなく大きなプラスティックのごみ箱のようなものを見つけて元気になった。先に木を渡した階段もある。上ってみるとホテルの裏口だった。

部屋にリュックを倒れるように置いて、窓の外の天まで届きそうに伸びた見知らぬ樹木や、杉の木に似た形の松の大木などの林を眺めて晴れやかになると……私たちは日が暮れるまで、あの「コンリンザイ」の湖のほとりを歩きめぐり、怖ろしいような巨大な滝の轟音としぶきを浴び、つり鐘草やきりん草に似た花、白、ピンク、黄色、紫色などの花の乱舞に驚き、森と湖の神秘に浸ったのだった。

プリトヴィッツェ

光と影の国

バスはゆっくりと南へ向かっている。

クロアチアの南半分はアドリア海に沿って動物のしっぽのように細長い形をしている。日本の高速道路ならその日のうちに着きそうな距離なのに、この国には高速道路もなくトンネルも少なく、昔からの山道を登ったり降りたり谷間を曲ったりして縫うように進んでいくので、四、五時間バスに乗っては宿泊する旅を楽しんでいた。

どの山にも石灰質の白い岩がとび出していて、ちょうど北九州の平尾台が数時間も続いているようだ。

バルカン半島の「バルカン」とはトルコ語で「山脈」という意味だそうだ。

あきるほど見た低い山々には乾燥した岩盤の上にわずかに植物が生えていて、針のような葉が付いている。山を越え、谷間の奥に青い海が見えてくると生き返るようだ。

海岸線に入ると右手にはどこまでも広い空とアドリア海との境のない青色世界、左手には荒々しい岩肌が続いている。切り立った崖の上にはいつ落ちるか分らない不安定な岩が目立つ。

ザダールを出たあたりから左の山の斜面には独立時の戦いのつめ跡が見えてきた。銃弾を受けて壁にぽっかりと穴のあいている家、折れたままの樹木、屋根が破壊されて空《から》になった家、瓦礫の山と化した建物のあと……。

このあたりの山奥には、まだ承認されてない「クライナ・セルビア人共和国」がある。突然生まれたセルビア人の自治区だ。国境附近には難民村もある。

インターネット情報では内陸部には近づかないように、舗装道路以外の道は歩かないように、という注意をしていた。まだ地雷除去までは手が回らないのだ。

クロアチアのかなりの部分はボスニア・ヘルツェゴビナとユーゴスラビアに隣接していて、その七〇〇キロに及ぶ国境附近は今も緊迫した情況にある。とてつもなく長い爆弾を抱えているのだ。この果てしない山々は人間の運命を飲み込んでしまうほど迫ってくる。

左の残酷な風景に胸を痛め、右に開放された美しい海を見る。

海岸沿いには赤い屋根に白壁の建物が次々と現われ、小さな島々が明るい太陽を浴びている。次第に新しい家が増えてきて、別荘やミニホテルの建築ラッシュのようだ。

今、ヨーロッパではクロアチアの海岸沿いの狭い土地が「買い時」と言われているそうだ。不安を伴う美しい土地。まだ出来上っていない建物の壁には早くも「ＲＯＯＭ」とか「ＳＯＢＥ《ソーベ》」などの看板がとり付けられている。ＳＯＢＥとは素泊まりの貸し部屋のことで、自宅の空き室を宿泊スペースにするものである。

輝くばかりの美しい海と重い影……の間をバスはただひたすら走る。

スプリットに着いた。バスを降りるとさっそく二人のおばさんに挟まれた。ＳＯＢＥのおばさんだ。長距離バスが到着する時間に合わせて客引きに来ている。

一方の痩せて日に焼けた顔のおばさんが元気な声で「二〇〇クーナ（約二五〇〇円）ペラペラ」と言い、てれくさそうに「あ、ははは」と笑ったかと思うと、持っていたビニール袋を征子さんに渡してどこかへ走り去った。

クロアチア語の分らない私たちにもジェスチャーを見れば「向こうへ行く人にちょっと用事があるから、これ持ってて、ちょっと待って、あははは」と言ってることは理解出来た。

バスターミナル附近は多くの人で混雑している。先には生活用品を売る露店がずらりと並んでいる。そのテント屋根の上には背の高いキョウチクトウの花が白色やうすピンク色、赤色と華やかな縞もようのように覗かせている。人ごみの中でなんだかわけが分らないまま私たちはポツンと立っていた。

「何が入ってるの？」。二人でビニール袋の中を覗くと財布が一つ入っていた。私たちはあのおばさんから信用されたのか、それともこれが客引きの手なのか。

もう一人の白いエプロン姿のふくよかなおばさんが私たちに向かって「二〇〇クーナ！　二〇〇クーナ！」と言っている。二〇〇クーナが相場のようだ。こっちの方が部屋など清潔そうだが、もう遅い。

まもなく向こうから「あははは」とハスキーな声と共に痩せた長い両腕を振りながらさっきのおばさんが現われて、ビニール袋を取り上げると、こっち！とばかり先を歩き出した。

七十歳は越えて見える。細長い体に地味なＴシャツ、木綿のギャザースカートから見える素足も木の枝のように細い。擦り減ったサンダル履きの足を軽々と動かして、なんだかかまきりみたいだ。

狭い屋台の間をついて行くと、彼女は安もののバッグが沢山ぶら下がっている、ある店のテント屋根の上に細長い腕を伸ばしてビニール袋を取り出した。中にはその辺りの市場で買ったと思われる野菜などが入っている。客を迎えに行く前に今夜の食材を仕入れて、他人の屋根の上にちゃっかり隠していたのだ。店のおじさんにじろりと睨まれ体裁が悪かったのか私たちに向けて肩をすぼめ、「あははは」とハスキーな声で笑った。

港の中央部まで来ると露店はなくなり、見上げるような高さの古い石壁が続いている。「ディオクレティアヌス宮殿！」。彼女はかまきり腕を壁の東側から遠く西側へ向けて示している。

これが……。わたしは一八〇〇年前に造られたこの宮殿を見たくてスプリットに来たのだ。

ローマ皇帝が退位後の安らぎの場所と決めた宮殿の城壁は気が遠くなる程の長い間をここに同じ姿で座り続けている。大きな大理石を積み重ねた壁は、今では艶をなくし、乾いた土色になった上に汚れで黒っぽく変色してはいるものの揺るぎない永遠の感じを与えている。

はるか昔、海上からスプリットに入る人々は大海原に浮かび上った白亜の宮殿を見て胸を躍らせたことだろう。

かまきりおばさんのSOBEは宮殿のはずれにあった。

私たちの部屋は入口の粗末な作りのドアを開けると三畳程の広さのキッチンになっていて、上の棚には数枚のお皿とやかんが入っている。奥のドアの先にはシャワールーム、左のドアは寝室用だ。彼女はもう一度確認するように、さき程の財布の中から二〇〇クーナ札を二枚取り出し、一つのベッドに一枚を向けて「トゥーハンドレッド・クーナ」と言い、片方のベッドにもう一枚のお札を向けてまた「トゥーハンドレッド・クーナ」と言って「OK？」でしめて笑う。彼女はたくましくもトゥーハンドレッドとOKの、たった二つの英語だけで立派に仕事をこなしている。

それにしてもクーナ、クーナとくり返されると食うな、食うなに聞こえて、朝食も付かない値段にしては高い気がするのに、そんなにいばることもないよね、と今度は私たちが笑った。

もちろん、クーラーやテレビなどはないし、外は三〇度を越していてもドアや窓を開け放すと細い露地から涼しい風が入り込んでくる。風といっしょに土埃りも入ってくるからキッチンのお皿もベッドもざらざらしている。

私たちはさっそく部屋の隅に立てかけてあるほうきで床を掃き、テーブルの上を拭き上げた。せっかくのキッチンを利用しようとお湯を沸かし、お互いに持ってきた携帯用のおかゆやラーメンを出し合ってままごとのような四日間を過ごした。

宮殿の中にはかなり多くの職種の人も住んでいたようで、寺院などの他にも当時の建物の跡があちこちに残っている。その大切な遺産の一つを今は本屋として平気で使

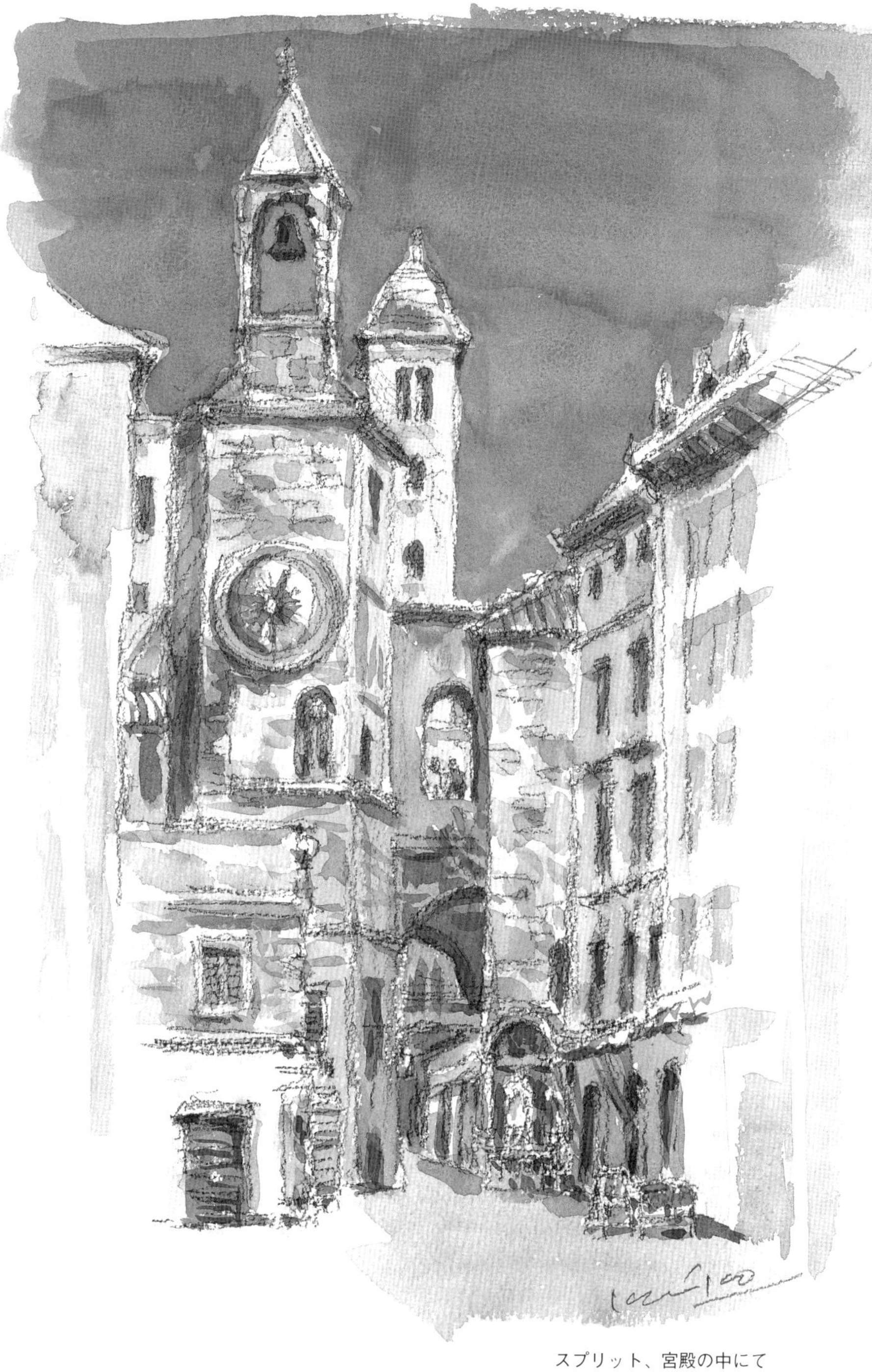

スプリット、宮殿の中にて

っていたりしておかしい。

ある日、宮殿の中庭で崩れかけた遺跡を描いていた。古い石ばかり見つめていると時間の観念がなくなり、つい今しがたまでいた世界を失ってしまう。

廃墟はいい。その崩れ残った石にこびりついている人間の情念のようなものが根っこの部分で感じさせるから惹きつけられる。

一人の背の高い男性が近づいてきて、

「あなたのシスターは城壁の向こうで描いてますよ」

ヨーロッパからの観光客だろう、彼等の目には日本人の女は同じ顔に写るのだろうか。私たちは同級生だから同じ年、姉妹《シスター》に見えたのならどちらが妹に見えたのだろう？

それにしても、わたしはヨーロッパではラテン系の国ばかりを旅してきて、身長についてはさほど驚くことはなかったが、この国で出会うスラヴ系の人や中央または北ヨーロッパから来た観光客の背の高いこと！　一九〇センチ近い男性も時々見かけるのである。「ガリバー旅行記」の作られた背景は案外こんなものかも知れないと思ったものだ。

また、バスの中でわたしの前の席に腰かけているうしろ姿の男性が車窓の風景を見るのに横を向いた時の頭の形に驚かされたこともある。はじめ、椅子から出ている男性の首から頭に向かってその幅が広がらず、同じ幅のまま頭まで続いているのを見て（もちろん途中に耳が出ているが）、随分と顔の細い人もいるものだ、と思っていたがその人が横を向いた時、その頭の鉢が突然ワイドになったのである。

左右は狭く前後は広い、声をかけてきた男性も、そんな顔をしていた。

数日のうちに、すぐ近くに地雷が埋められていたり銃弾の跡を見たりしたのが幻《まぼろし》となって消えてしまっていた。

元気に笑うかまきりおばさんの魂はナチスに占領されていたころや旧ユーゴの社会主義時代はどうであったろう。遠い昔からどっかりと根を下ろしているこの宮殿のように、民衆の心の奥深くには一時期の国の事情などに左右されない強さが根付いているのではないだろうか。

私たちも彼女にあやかって光輝く太陽を満喫した。

満月の古城

バスは荒涼とした山々をめぐっているうちに突然、視野に入りきれないほどの広い空と海との中に私たちを運んでくれた。

ドブロヴニクに着いたのだ。

宿をとり、まず部屋の窓を開けて息をのんだ。そこには中世の世界が広がっている。樹木の先にまるで巨大戦艦のような城壁の要塞部分が垂直にアドリア海深く沈み込んでいる。

城壁の各コーナーを守る円形の要塞は目の前に見えるその一つだけでも古い昔のお城を想わせる大きさだ。付いている窓が極端に小さいだけに怖ろしく、重々しい。壁づたいに目を移すと、城門に入る跳ね橋が鎖でつながれている。

旅の荷を解いたこの部屋の現実と、窓の外にはまるで架空の世界……。何百年もの間、時間が止まったままのようだ。


次の日はこの城壁の上を歩いてみた。

跳ね橋を渡って城内に入ると左側に急な階段が壁の上まで続いている。

石壁の幅は信じられない程厚く、狭いところでも三メートル、広いところは五メートルはあり、旧市街をぐるりととり囲んでいる、その壁の上を歩けるようになっていて、歩道の部分は壁の高さより一メートルほど低くなっているのがなんだか塹壕《ざんごう》の中を行くようだ。角ごとにある五ヵ所の要塞の円い形をした場所はドッヂボールでも出来そうな広さがある。兵士たちはここでひと息ついたり仮眠をとることも出来たはずだ。

これら要塞の場所にはそれぞれ内側に向けて、町との出入用の急な階段がついている。

見張りの塔や幽閉に使われた塔もあり、長い歴史のうちにいくつかの砲台もつけ加えられ、壁の砲台の穴から覗くと、ある穴は広い海に向かっていたり、あるところは港に向かっていたり、裏山に向かっていたりしている。

ビザンティン世界は、このきらめく太陽の中で栄華を極めていった。

この城壁の半分はアドリア海に突き出すように位置しているため、南側の壁の上から身を乗り出して真下を見ると、深海にすい込まれてゆくような幻覚がおこってよろめきそうだ。守り易く、攻め難い城ということだろうか。

この町にはいつのころからか魔女伝説が語られている。あのじめじめとした恐ろしい魔女裁判などの魔女ではなく、先の長く尖ったつばの広い帽子を被り、目をむいて大きな口をした顔で、ほうきに乗ってやってくるユーモラスな魔女たち。すい込まれそうな青いだけの世界に佇んでいると、多くの魔女たちが長い髪をうごめかせながらこの古城のどこかに棲み潜んで夜が来るのを待っているのではないだろうかと思う。

その強固な石壁に守られた内側の旧市街を見おろすと、一面、茶褐色の屋根で埋め尽くされ、その赤色の瓦が時とともに茶色や黄土色に変色している。

屋根裏部屋からとび出した明かりとりの窓、四角や丸型の林立したえんとつ、あちらこちらの大小の教会の鐘塔、街の中央には白大理石のプラツァ通りが見える。宮廷に仕える人々の家、商人の家、宿……特にプラツァ通りから南側の建物は崩れかけた家々が混雑していて、そのすき間から迷路のような細い道も見え隠れする。ヨーロッパアンティークの箱庭だ。

壁の上の散歩は数時間ほどで終り、階段を降りてアーチ型の門、跳ね橋を渡りきると、なんだか映画を見終って外に出た時のような、今見てきた中世の夢と現実が浮遊するような思いだった。

この町では多くの観光客とすれ違った。首都ザグレブより何倍も神秘的だ。日本人とも会った。若い二人の女性は六十人のツアーで船旅を続けていると言っていた。イタリアから今朝ここへ着いて夜には船に戻るそうだ。

クロアチアを旅するのに、船で美しい島々をめぐり海岸線上の古い町を訪ねる旅行代理店の選択は、陸路を行くより賢明かも知れない。

異国では日本のこと、日本人のことに敏感になる。日本人と見るとすーっと引きつけられて話をしたくなる。

五日後には関西に住んでる友人、明子さんとも会った！　彼女もグループで来ていて、やはり船でドブロヴニク入りをしている。

明子さんとの手紙のやりとりは相当の量になっていて、彼女がクロアチアへ旅することも出発前に知っていた。お互いの日程がうまく重なればいいが……と思っていたのがこんな最果ての町で八年ぶりに会えるとは。

彼女が泊っているホテルの部屋で一時間、お互いにしゃべりまくった。帰り道にふと、思った。八年の空白がない、まるできのうの続きのような、話が高じればわたし

スプリット東門

の肩や手をポンポンとたたく彼女のくせは相変わらず、なによりも年をとってなかったのが不思議だった。旅の魔法かも知れない。

遅い夕食を終えて部屋に戻り、窓を開けて驚いた。

満月だ。

外灯のない夜の青暗い樹木や海、そしてどっしりと重たく黒い古城のシルエット、その輪郭線だけを浮かび上らせ闇の世界を支配するかのように、肉色をした大きな月が高く堂々と偉容を誇っている。凄みのある中世の幻を見るようだ。

魔女たちはこの時とばかりそれぞれほうきに跨《また》がり、黒い衣をなびかせて夜な夜な舞い飛ぶのではないだろうか。

わたしは作ったこともない俳句のようなものを考えていた。不思議なことばかり続く。

満月や古城に遊ぶ黒い魔女たち

ドブロヴニク

トルコ人の顔

何かを置き忘れているような、胸の奥に何かがつまったままのような気持ちでイスタンブールに戻ってきた。

クロアチアからモスタール（ボスニア・ヘルツェゴビナ）、オフリド（マケドニア）、そしてギリシャへと陸路を南下するのが以前からの夢だったのに、二つの国をいとも簡単に飛行機で飛び越えたのだ。

旧ユーゴと言われる国々がまだ内戦状態にあることは知っていた。一方で社会主義の時代にもビザンティンの建造物や美術が大事にされていたのも知っていた。

ボスニアのモスタールという地名にまでなった有名なスタリ・モスト（古い橋の意味）は、深い濃緑色のネレトヴァ河に架かる大きなアーチ状の美しい石橋。川の西側にはムスリム（イスラム教徒）、東側にはキリスト教徒、どちらも赤い屋根に石造りの壁、樹木の緑に包まれた豊かな町である。

モスタールの橋の上に立つ……今回の旅のはずせない目的の一つだった。

ところが旅の日程を決めたころ、新聞にスタリ・モストの橋の写真を見つけて愕然とした。橋が空爆で破壊されて、石がばらばらに散っている！　ＮＡＴＯ軍の兵士が崩れた橋のたもとに銃を持って立っている。写真の下には「ＮＡＴＯ軍が内戦を終結させた」という記事が添えられていた。

人々が五百年も大切にしてきたものを同じ宗教を持つ者が破壊する……人間のおろかさ……。

数日、茫然と過した後に決めた。ボスニアへは行かない。

こうなったらやられる前にオフリドの町を目に焼きつけとかなくちゃ。マケドニア国の最南端にあるオフリド湖周辺は辺境の地の利から、ビザンティンの古いモザイクやフレスコ画も多く残っていて昔からの美しい風景を保っている場所である。オフリド湖畔を背景にひっそりと建つビザンティンの小さな寺院の前に立ってみたり裏から湖を眺めたり、の行動は、わたしの脳裏に以前から棲みついていた。今回その夢を実現する、と思っている矢先に今度は出発直前、新聞に大きくとり上げられていた。「バルカン内戦はマケドニア全土にまで拡大！　難民八千人はギリシャとの国境に……云々……外務省も危険地域と……」。

つい一ヶ月前にマケドニアの観光局から「アンゼンデス。ドウゾキテクダサイ」との連絡があったばかりなのに、タッチの差で入国さえ出来なくなった。

せっかく独立したのに良い指導者が出ない。

バルカンに内在する人種のるつぼ、宗教がらみを噴出、逆行させ、人々を混迷に落とし、権力闘争に明けくれている。

ザグレブからイスタンブールまでの二時間、わたしは飛行機の窓にしがみつき、下の景色ばかり見ていた。ボスニアのネレトバ川は見えないか、マケドニアを通らないか。でもただひたすら茶色っぽい山々だけしか見えない。本当にバルカン（山脈）半島なのだ。

緑の多い地帯に来て機内の指示画面を見るとブルガリアを指していた。三年前にはこの辺りの深い森に酔いしれた。あの孤高の僧院は見えないだろうか。

イスタンブールに戻った日、私たちはケレンとアビディンに旅の報告をした。彼らは「また日本語が話せる」と喜んでいる。

ホテル近くの「ドイドイ」というレストランで再会を祝ってジュースでカンパイした。お酒を飲まないイスラム教の彼らに私たちも合わせたのだ。

ドイドイレストランは下町の有名レストランだ。一階、二階はそれぞれ二十人程の地元の人でいっぱい、屋上には各テーブルに日除け用のパラソルが付いていて、目の前にブルーモスクの丸い屋根やミナレット（尖塔）が見えるので観光客が席を占めている。大勢のウェイターたちは一階奥の厨房から二階や屋上まで走り回り、狭いテーブルとテーブルの間をお盆を高く上げて軽々と横歩きをしている。ウェイター達の顔は街で見る大勢の人達と似ている。

まゆ毛が濃くて太く、まん中でくっつきそうになっている。黒い瞳《まなこ》が目の中心より少し上瞼《うわまぶた》の中に入り込んでいてどこか哀しみ帯びた表情に見える。目のまわりに濃い色素がある。

「あの人たちクルド人ですか？」と尋ねると、アビディンから「よく分かりましたね」と学者みたいな口調でほめられた。

トルコ人の六五パーセントがクルド人でその多くはイスタンブール周辺にいます。タタール人は黒海周辺に多く、アナトリア地方にはさまざまな人種がいます。僕もクルド人です。……ほめられるほどのものでもなかった。

それにしてもアビディンはまゆ毛が薄い色をしていて目は奥まっている。

「でもケイコさんが言ったウェイターがテンケイテキなクルド人の顔です」。難しい日本語をよく知っている人だ。

この日から会う人ごとにクルド人ですか？　と確認していて征子さんから笑われた。地下宮殿近くのトルコアンティーク店の店員は色が白い。伯父さんの店でアルバイトをしているという、この大学生は、自分はクルド人だけどイスラム原理主義のクルド人と一緒にしてほしくない、と学生らしいつけ加え方をした。

泊まっているホテルのフロント係もクルド人と答えたが髪は褐色の巻毛、目は緑色をしている。母親がフランス系だと言う。

もう一人の「サワシェ」という名前のフロント係は両親共にクルド人なのに肌の色は白く目は茶色、アメリカ映画「フレンチコネクション」に出てくるポパイの仇役「ひげのシャルニエ」をそっくり若くしたような青年だ。あごひげの形まで似ている。

この地はアジアとヨーロッパの接点、歴史の重みだけ血も混じりあっているのだろう。

サワシェはシャルニエひげに似合わず子供っぽい。ある日ホテルに戻った時、フロントに誰もいない。部屋の鍵はセルフサービスだろうかと思っていると、突然後ろから「わっ」と両肩をたたかれ驚かされた。わたしの姿を見つけてドアの片すみにでも隠れていたのだろう。ヒマなホテルなのだ。

フロント奥の小さな中庭が気に入って、そこに置いてある椅子に腰かけていると、彼も隣りの椅子に腰かけてきて何か面白いことがないかな、という表情をする。

そんな時、サワシェという名前の意味を尋ねて驚いた。

いたずらっぽい目を落として「戦争」と答えたのだ。次の弟の名前がバリシュで「平和」、一番下の弟の名前がザフェルの「勝利・繁栄」。お父さんがギリシャとの戦争から戻った後にサワシェが生まれたそうだ。

トルコとギリシャとの関係は今でも深刻だ。

ホテルの近くに住んでいる茨城県出身の日本人女性はトルコ人の夫と小さな旅行斡旋業を営んでいるが、もうすっかりトルコ人になりきって「ギリシャは昔、トルコだったんですよ」と強い口調で言っていた。

サワシェのお父さんは長男に「戦争」と名付けたものの、数年のうちに「平和」を望み、「繁栄」を願うようになったのだろうか。

サワシェはハンサムで人なつっこいから、人からも好かれてきっと自分の名前を超えられるだろう、と思った。

ぶどう棚の下の
ゴマパン屋

アヤソフィア

朝、ホテルの近くでミネラルウォーターを買い、クリーニング屋に洗濯物を出してアヤソフィアに向かった。

このクリーニング屋は一キロ一〇〇円だという事をケレンから聞いていたので、面白がって「今日は家事をしない日」などと言いながらあまり洗う必要のないものまで出し合って、二人で四キロにもなった。


聖《アヤ》ソフィアはイスタンブールの歴史深い地域の中心に位置している。ボスポラス海峡を渡ってアジア側から見ると、この地域全体が一面緑豊かな森にみえる。この周辺に大きな街路樹が立ち並んでいたり、アヤソフィア、ブルーモスク、トプカプをめぐる広大な敷地の樹木林があるからである。

建物に一歩入ると……大きな空間、怖いほど何もない。ただ茫洋としてうす暗く、わずかに乳香の薫りを漂わせている。はるかに高い二階回廊に見える窓からの光が巨大な柱の色大理石やぶ厚い扉のレリーフをにぶく浮かび上がらせている。華やかさのない荘厳な空間、近よりがたい神秘と退廃の入り混じった空気は、初めてこの聖堂を訪れた時と同じ感覚でわたしの皮膚から体に浸透してきた。

ここはビザンティンの象徴的な聖堂として栄華を誇り、オスマントルコに奪われてからはモスクに変えられ、今は観光客に開放されている。

まん中に進み出てみた。上を見上げると巨大ドームが天高く浮かんでいる。五五メートルの高さがあるそうだ。

千五百年前、正教として繁栄していくころ、この壮大な聖堂を建てて式典に臨んだユスティニアヌス帝はここに立って「ソロモンよ！　私はあなたに勝ったのだ！」と叫んだと言う。旧約時代に大神殿を建てて栄華を誇った、あのソロモンのことである。なんとスケールの大きな叫びだったものか。声は天上のドームに反射して堂内に響き渡ったことだろう。

同じところに立って上を見あげると足がふるえる。

回廊に上ってみた。階段はなく、石畳の坂を螺旋《らせん》状にぐるぐる上がるので結構きつい。

回廊の壁にはいくらかの壁画《モザイク》が残っている。オスマントルコに奪われた時、すべての絵は漆喰《しっくい》で塗り込められたが、最近になってその漆喰を取り除いている。

ビザンティンは血なまぐさい殺戮をくり返しながら繁栄を続け、この回廊の壁という壁にはキリストや聖母子像、歴代の皇帝たちのモザイクで飾られていた。ここのキリストの目の表情はやわらかい。この時期のものは厳しい表情が多いのだが。まわりの金のモザイクはかなり剥がれている。そのころは金地のマドンナ、金の聖人、金のイコン、と聖堂はまぶしいほどの黄金に輝いていたことだろう。

バルカン半島からトルコ、シリア、エジプトと地中海一帯までの信じられないような広大な帝国は精神的にも経済的にも当時のヨーロッパの羨望の的《まと》であった。

なぜコンスタンティヌスは首都をローマからここへ移し換えたのだろうか。ビザンティン時代という言葉はずっと後の歴史家が付けたもので、当時はローマ時代であり、全バルカン半島、トルコ、シリア、地中海の人々はローマ人であった。

同じころ、キエフ・ロシア公国の大使がここ、アヤソフィアを訪れたあと帰国して、国教を決めかねていた大公へ報告した。「私は天上にいたのか地上にいたのか分りませんでした」。この感動のひとことで正教に白羽の矢を立てたのがロシア正教のはじまりであるという。


多くの権力者たちが贅をきわめ、地上の中心として謳歌した姿は、黄金の消えた今もつややかに磨りへった大理石の床やわずかに残ったモザイクのかけらから濃い霧のような憂愁の匂いを発し続けている。

目のくらむような黄金に囲まれるより、今のこの巨大な空洞の方が密度の濃さを感じ、わたしはいつまでも佇んでいることができる。


アヤソフィアと対称的なコーラ修道院にも足を運んだ。わたしにはなぜかこの二つが連なって思える。

コーラ修道院は今はカーリエ博物館と言われているが、「コーラ」は「郊外」という意味の通り、町の中心から離れた場所にひっそりと建っている。こちらも長い間、権力の狭間《はざま》で翻弄《ほんろう》されながらも郊外という地の利や修道院という地味な響きなどからか、ほとんどの絵が剥奪から免れている。

小ぢんまりとした建物は赤レンガの壁に赤い屋根。そのどちらも長い時間を経て土色に戻るようで美しい。

建物の中は天井、壁、柱、とモザイクやフレスコ画で埋め尽くされている。病いを治すキリスト、連行されるキリストなどキリストの物語や十二人の使徒・弟子たち、聖人たち。ドームの中心のモザイク「全能の神キリスト」の目の表情は怖いほどしっかりこちらを見すえている。

以前訪れた時に見た浴衣《ゆかた》を着た聖人の群れも同じ壁に立っている。あの時は白い男ものの絣《かすり》のゆかた姿に驚いたが、よく見ると白地に十字の紋様を描き込んであるのだ。こんな聖人の衣装は珍しい。この土地独特のものかしらと思っていたら後にギリシャでも出会ってさらに驚いた。

怖いかと思えばユーモラスな聖人たちの肖像画が部屋ごとに次々と現われて、等身大の一人一人の表情を眺めるだけでも飽きることはない。

なぜ、こんなに力強く、素朴な絵が描けるのだろうか。

ここはビザンティン美術の宝の山である。

外に出て裏にまわると、建物のまわりの雑草が芝生のように刈られている。その緑にうつる樹木の影のコントラストに気負いがなくて、少しの間木陰に座っていた。静かだ……。


帰りに洗濯物をとりにクリーニング屋へ寄った。店の女性は私たちの顔を見るとあわてる様子でハンカチのアイロンにかかった。くしゃくしゃに乾燥したハンカチに蒸気もあてずにアイロンの熱を押しつけている。

店の中には薄いアイロン台と奥の方に家庭用洗濯機が置かれている。

一抹の不安がよぎり品物を受けとって部屋に戻り、二人の洗濯物の仕分けをしながら二人共、次第に青くなっていった。征子さんのクリーム色のシャツブラウスが逆に汚れている。わたしの気に入っていたフレッシュレッドのブラウスがスモークレッドに変色している。綿の黄色のネグリジェも。なによりも白いソックス、白地に花柄のハンカチ、白いTシャツなどの白色の部分がうすいコーヒー色になっている。

えのぐでも、赤や黄色、クリーム色など、それぞれにうすいこげ茶色を混ぜると皆こういう色になる。

こんな下町でクリーニングに出すのは、手に負えない汚れ物の場合なのかも知れない。そういうものとごちゃまぜに洗われたのだ。

一キロ一〇〇円に惑わされたばかりに、私たちは涙目で洗面台の栓代わりにソックスをつめ込み一枚ずつ洗い直した。「家事をしない日」がとんだ洗濯の夜になった。
おまけにしみ込んだ汚れた色はついにとれなかった。

金角湾を船で

金角湾を船で上り、最終地で降り、先にある小高い丘の上のチャイハネ（喫茶店）でのんびりしようという計画を立てた。

金角湾はこの湾の形が動物の角に似ていて上流がカーブしながら細くなっているところからそう呼ばれている。呼び名の頭に「金」をつけたのはトルコ人だろう。なにしろオスマントルコの青年王メフメット二世が奇想天外な作戦をとり、この湾でビザンティン帝国を崩壊させた輝かしい歴史を持っているからである。まだ二十一歳のスルタン（王）は、湾の入口に巨大な鉄の鎖が張られて、軍艦の侵入を阻止されたと知るや、船隊を対岸の丘へ曳き上げ、山を越えて、金角湾の中央部に浮ばせ、後方から奇襲をかけたというのだ。

エミノニュ桟橋には大・小さまざまの船が止まっている。アジア方面に行く船、ボスポラス海峡を通って黒海へ出る船、観光客向けの豪華船、小さな船、ヨット……トルコ語の分らない私たちは男たちの客引きの大声を耳にしながら金角湾を上る船を捜した。エミノニュの雑踏からはずれたところ、小さな紙に鉛筆書きの時刻表が貼られている小屋がそうだった。

渡し船は四十人程のトルコ人で満員だ。親子連れ、夫婦、学生、と町では見かけることの少ない女性の姿、生活の匂いのする雰囲気である。

私たちはそれぞれ空いた席に腰かけた。横にいる女学生が少し英語が分るので、同じく少しだけ英語のわかるわたしには三十分の楽しい船旅だった。

椅子は三人ずつの腰かけが向かいあわせになっていて彼女の隣にはお母さん、向かいの椅子には赤ちゃんを抱いた若い夫婦とその夫の母親。女の中で女学生だけはTシャツにジーンズ姿、あとは皆チャドルで髪を隠している。

船は右舷に向いたり左舷に向いたりして新市街と旧市街に交互に停まりながら進む。ある船着き場でまっ白いセーラー服を着た五、六人の青年達が晴れがましい顔つきで降りていくと、彼女は横の大きな建物をゆび指して「あれが海軍の建てものです」と言う。

ひょっとしたらこの辺りがメフメットの艦隊で埋まったところではないだろうか。

トルコの兵役の規定はだいたい十代の終りごろから二十六歳位までの都合のいい時に入隊するそうだ。年齢にはかなり幅があるのに、その期間が五五五日だというヘンなきまりがおかしい。

各船着場で数人ずつ降船し、多くの乗客達は私たちと同じ最終地のエユップ・スルタン・ジャミイで降りる、と彼女は話した。

ジャミイ（寺院）だらけのイスタンブールでもここは特別のところ。メフメット二世がこの地で旗を上げてまもなく、スルタン（王）が即位時に聖剣の授与を行なう寺院を建てた。トルコ人にとって由緒ある寺院である。彼女もお母さんや家族と時々お詣りに行くそうだ。

またこの寺院は割礼の寺として有名なところでもある。イスラムやユダヤ教世界では男の子の割礼の歴史は長い。言葉としては知っていても、なぜそんなことをするのか、男の子はその日どんな顔をしているのか、親はどんな様子なのか、日本に馴じみのない儀式のほんの一端でもかいま見られたら、と思っていた。

政治・宗教に亙って貴重な寺院の船つき場にしては、のぼりも看板もなく、舗装道路もなく石ころの細い道が先の方まで続いている。外側は飾らず、中に入ると別世界に変わるイスラムの寺院や家庭のこういうところは好きだ。私たちは彼女とお母さんに案内されるままついて行った。

寺院に向かって左右に出店が増えてきている。

お守りのイビルアイ、コーラン、女性が髪を隠すためのチャドル、香料、割礼の子供服、数珠のようなもの、子供のお菓子……などがどの店にもどの店にも山積みになっていたりぶら下っていたりしている。あたり一面乳香の香りに包まれてただひたすらお詣りに関するものだけが同じようにずらりと並んでいる。門前町なのだ。

ジャミイは噴水のある広場の先にあった。大きな木に囲まれてどっしりと揺るぎない雰囲気を持っている。

門を入ってみた。いい中庭だ。中心には人々が手足を清めて寺院に入るための井戸があり、その回りに数本の大木が中庭全体に木漏れ日のモザイクを作っていて美しい。建物の内側は回廊になっていて、祈りに来た人々があちらこちらに中庭の方を向いて無言で佇んでいる。イスラム建築は外から見ると武骨にさえ見え装飾を極力押さえているが、中に入ると水、植物、回廊の柱などの配置に無理がない。それはとぎすまされた感性と創造力によるのではないかと思う。

広場に戻ると噴水の横のベンチに割礼の子がいた。六歳位に見える男の子が刺繍のふちどりの帽子を被り、長いくじゃくの羽根のような飾りを付けて、古いトルコの細密画に出てくるようなスルタン服を着てはしゃいでいる。近くにいる母親の陰から、もっと小さな王子様がとび出してきた。

わたしもベンチに腰かけた。お母さんに「おめでとう」と両手を合わせて言うと彼女は全身を揺らせて喜んでいる。許可を得て兄弟を描かせてもらっている間、お母さんはうれしくてたまらない様子で落ちつかない小さい方の王子様をじっとさせるのに気遣ってくれた。

そのうちにあちらから、こちらからと似たような王子様たちが現われた。服は少しずつ異なっていてどれも派手派手しい刺繍で飾られている。ふわっとしたパンツの足首のところをひもで結んでいるが、上着もパンツも布の量が多くて歩きにくそうだ。それぞれ手には槍のような長い飾り棒を持っている。皆、一生に一度の晴れ舞台のように得意気な表情をしていて泣いている子など一人もいない。

割礼用の出入口が寺院の端にあって、大小さまざまの靴が脱ぎ捨ててある。イスラム寺院には靴を脱いで上るのである。そこから儀式を終えた父と子が出てくるのも見たが、ホッとした顔をしている。痛くないのだろうか。

あとでケレンに尋ねてやっと分った。ここでは祝いの儀式だけをやり、一週間ばかり王子様たちの姿のまま親戚などに連れて回る。祝儀を集めた上で披露宴（！）をし、その後に専門の所で割礼をするのだそうだ。

「そこはぁ、ただぁベッドがぁいくつか並んでいるだけぇでした」といつもの紙芝居調で話す。年齢は決まってないが、披露宴にお金がかかるから兄弟がいれば下の子が三歳位になるのを待って二人同時、または三人同時にやることが多いそうだ。

ところでイエス・キリストはパレスティナで生まれた。彼の割礼で切り取った小さな皮片がローマのサンピエトロ寺院に残っているというのは本当だろうか。

私たちはその後小高い山の上にあるチャイハネに行った。金角湾を見おろすように木陰にはずらりとテーブルと椅子が並んでいる。

カップルもいれば家族連れもいる。女性のほとんどはチャドルを被っているがイスタンブールの街の中で出会う女性たちの表情とは異なり、皆解放されたような自然の表情をしている。

イブンバトゥータの『三大陸周遊記』を読むと、モロッコを出発してイスラム諸国を二八年も（！）旅していて各地の様子をくわしく書いているが、女性についてはほとんど記述がない。各地で結婚したり旅先のお金持ちなどから下女や奴隷女を羊二頭と一緒に「いただいた」りして旅を続け、「子供が生まれたと聞くが、その後会うことはなかった」などという文章でさらりと書かれているだけである。

面白かったのは、まだイスラム化していないビザンティン最後の砦、コンスタンティノープル（イスタンブール）へ政略結婚させられて行ったイスラム王女の哀れを書いている箇所で、青い目や赤毛のローマ人の風習を「野蛮」と表現している。

それから約五百年経った今でもイスタンブールの街の中では男ばかりが目につき、中年女性は夫の陰に隠れるようにして歩いている。

泊っているホテルのフロント係のサワシェのように、いろいろな国の客を案内する仕事をしている若い男性にしても、結婚相手にはイスタンブールの女性は選ばないと言っている。その理由に「平気でTシャツを着る」、「チャドルを被らない」を上げた。Tシャツを着ているわたしはガイジンだからノープロブレムだそうだ。


私たちはそれぞれ好きなテーブルを選んで金角湾を望みながらイスラムの女のことを考えたり、チャイを飲みながらスケッチをしたりして午後の時間を過した。

隣のテーブルの小さな男の子と女の子が珍しいものでも見るようにわたしから目を離さないので、持っていたキャンディをあげたら、子供のお母さんがお返しに直径が三十センチ程もある赤くてまるいおせんべいをくれた。征子さんと割って食べてみると、トルコ料理に入っている香辛料がこれにも入っていて馴じめない味だった。

ドイドイタクシー

帰りはバスにした。バスは途中から別の方向へ行くというのでシルケジ駅近くで降りた。

ホテルまで歩いても三十分足らずのところだったのに、そこはタクシーがずらりと並んでそれぞれの運転手が客の奪い合いに大声を出しているところ、私たちは目の前に立っている男がす早くタクシーのドアを開けて片手をドアの中にさし出し「ジャパニ！　ここに座る！」と言わんばかりの仕草に誘われてすい込まれるように乗ってしまった。運転手の、私たちが乗ってからドアを閉め、中腰のまま運転席のドアを開けてハンドルを持つまでの、一秒とかからなかった電光石火の動きがおかしい。

トルコのタクシーに自動ドアはない。もちろんこのすさまじい暑さの中でもクーラーは付いていていない。

行き先に私たちのホテル名を言っても分らない。ふと地元の人ならだれでも知っているレストランが近くにあるのを思い出して「ドイドイレストラン！」と言うが早いかタクシーはブォッ！と走り出した。

しまった、値段の交渉忘れてた、と気づいた時、車は角を曲ってボスポラス海峡の方へ進んでいる。私たちは毎日歩き回っていたのでイスタンブールの地理を大まかに知っている。角を曲がらずにまっすぐ行く方がずっと近い。わたしは運転手に、

「道が違うよ、今の道をまっすぐ行って」

とジェスチャー入りで言っても彼はもっと大げさなジェスチャーを加えたトルコ語で何かしゃべり首を横に振って否定する。

征子さんが静かな声で「きっと進入禁止なのよ」とわたしを制止した。運転歴の長い彼女でも、あっという間《ま》の出来事で、ほとんどの車が角を曲がらずに街の方へまっすぐ行っているのに気がつかなかったようだ。それにしても彼女は、わたしが値段の交渉をしたり主張したりする楽しみを快く思っていない。わたしはムッとした。

車は外道をぐるりと大回りしてドイドイレストランの前に着いた。日本円にして三五〇円だった。

「ホラ、安いじゃない」と彼女。

「そういう話じゃないの！」とわたし。

この怒りは一日で消えた。まさか続けてこの喧噪の中で同じ運転手に出会うとは思ってもみなかったのだ。

次の日、私たちは朝からガラタ橋を渡って一日中、新市街と呼ばれる方面を散策した。

ボスポラス海峡沿いのドルマバフチェ宮殿附近は巨大なプラタナスなどの街路樹が堂々と続いていて、別の宮殿や大学、お金持ちの人達の別荘、高級ホテルなどが、なんだか薄っぺらに見えるほどだ。人が小さく見える。樹木の間を多くの車が往来している。日本製の車もフランス車、アメリカ車も土埃りをあげて飛ばしている。

ルメリ・ヒサルまで来ると車はあい変わらず続いてはいるが、海峡には漁船や観光船が増し、のんびりとつり糸を垂れる人も増えてきた。

ルメリ・ヒサルは以前トルコを訪れた時には観光船の上からその姿を眺めた。

小高い丘いっぱいに眩しいほどの緑。その中に中世の砦があちらこちらに姿を現わしている。丘全体がちょうど演劇の舞台装置のように見える。船が動くほどに変化していく凛々しい風景だった。

いつの日か再び訪れることがあったらこの風景の中に入ってみたい、と思っていたのだ。

山の傾斜を計算に入れて戦いに臨んで造られたこの要塞は、入口を入って右の階段を上ってみると遠く樹木の奥に急な石段が姿を現わし蔦《つた》のからんだ円形の塔へ通じていて、左の石段を曲りながら上ると鋸壁《のこぎり》（壁の上部は戦い易いように、兵士が姿を現わしたり隠れたり出来るような人の幅のすき間が造られ、続いている）の奥に青いボスポラス海峡が見える。

今にも塔の陰から、赤く尖ったトルコ帽を被ってモールや刺繍のふちどりで飾られた服装を身にまとい、つま先のくるりと曲った靴をはいて太鼓や笛を打ち鳴らした楽隊が、短調の行進曲と共に現われ、石段を並び降りて来そうな気がする。

中心部分には本当に舞台が作られていて、照明の道具やマイクなどの機械が置かれていた。セットにこれだけの歴史的な本物が揃っているのだから演劇でも音楽でも最高のシチュエイションである。

中腹まで上って樹蔭の中の石に腰かけて鋸型の壁ごしに海峡を眺めた。怖いほど静かなところだ。音のない世界にいると、海峡を渡る船や、円型の要塞に刻々と変化していく陰影だけが動いていくのをなんとなく目で追っていても、それが現実でもあり幻のようでもあり、存在しないどこかにいるような、意識が遠のいていくような気がする。

揃いのスーツを着た若い男がやってきて「六時には出て下さい」と言う。

やっぱりあの舞台でなにか催しがあるようだ。下りていくとイスタンブールのどこにこんな人達がいたのか、と思う程の美男、美女たち、男性はいづれもシックなスーツ姿、女性はドレス姿、それに撮影用機材を抱えた人達に出会った。出入口にはいつのまにか空港にあるようなボディチェック用の金属探知器まで置かれている。すましてその中を通ってみたがまだ電気が入ってないらしく何の反応もなかった。

外に出ると路上にはずらりと派手な車が数珠つなぎに駐車してあり、征子さんもそこにいた。

バスはどこまで行っても六十円。下りのバスならどれでも駅近くまでは行くだろう、と適当に乗ったら、またきのうの所で降りることになった。

騒音の中で駐車タクシーの間をすり抜けていると、

「ジャパニ！」「マダム！」

という声がする。振り向くときのうの運転手が日焼けした笑顔で両手を広げている。彼は頑丈そうな体を素早く揺らして自分の車へ行くとドアを開き「ドイドイ？」と聞いてきた。きのう降りた「ドイドイレストラン」まで行くのか、という意味だ。

私たちもついうなづきながら「ドイドイ！」と答えた。……が今日はダマされないゾ、交渉、交渉。

トルコの通貨はゼロが多い。一万トルコリラが日本の一円にあたるからゼロを四つ消して考えればいい。

きのうが三五〇万リラ（三五〇円）だったから運転手に「三〇〇万リラ！」（三〇〇円）と落としてみたら、あっさり「ＯＫ！」を出して私たちをシートに押し込み勢い良く飛び出した。

あまりにあっけないＯＫに気合い抜けして「きっともっと安かったのよ」と言い合う。

きのう曲った角をどうするか……。

彼は何のこだわりも見せずにまっすぐつき抜けたのだ！

アヤソフィア裏手のわかりにくい道を難なく通り過ぎてドイドイレストランの前に着いた。

手をあげて車が走り去ったあと私たちは「今度あのドイドイタクシーに出会ったら二〇〇円にさせよう」などと言って笑った。

ルメリ
ヒサル

アラビアの乳香

エユップスルタン寺院へ向う門前町で乳香の香りに包まれながら、ふと夫からおみやげに「アラビアの乳香」を頼まれていたことを思い出し、ここで探すことにした。

乳香は乳白色の小さな石のように固いもので、お皿に乗せ、下の炭火に暖められると煙と共に次第にいい香りを発し、それを人々は着ている衣服にたき込む。甘い香り、さわやかな香りと種類も多く香水のような、安定剤のような役目をするアロマテラピーである。

イスタンブールに降り立つと、どこか妖しげな乳香の香りで迎えられ、街の中では寺院や各家庭でも香りをくゆらせている。

はるかな昔、アラビアの乳香は金の値段に匹敵する程の貴重なものだった。乳香の道は絹の道《シルクロード》よりずっと以前、アラビア半島に始まりシバの女王やクレオパトラにも愛用され、香料の宝石とも言われ、栄華を極めていった。ヨーロッパの人々もこの香りに東洋の神秘を感じていたことだろう。

「乳香」というトルコ語が分らないので家にあった豆粒ほどの小さな一片を参考に持ってきた。

船の中で知り合った女学生にその乳香のかけらを見せてお店を尋ねると、彼女は香料を盛り上げて売っている門前町を通り過ごし、寺院の奥から関係者を連れて来て事情を話し、彼に引き渡してから別れて行った。今度はその男性について行くとそこは香料の専門店だった。多くの布袋の口を広げ、それぞれにいろいろな種類の小石のような香料が入って売られているが、持ってきた乳白色と同じものはなかった。

それにしても優しい人ばかりだ。

次の日、エジプシャンバザールで探すことにした。バザールの中も香料の香りに満ちている。専門店もあり一軒ずつ、かけらを見せて探した。ここでは日本で梅酒などを漬けるようなガラス瓶にそれぞれ異なる種類の香料を入れてずらりと並べられているのが子供のころ見た駄菓子屋のあめ玉の瓶を思い出させた。

やはり、どれも持参してきたものより濃い色をしている。乳香ではなさそうだ。

とうとうある店で、わたしは紙に絵を描いた。恥ずかしい思いを押さえて雌牛の絵を描き、その四つのオッパイからポタポタと乳が落ちる絵を。店員が集まってきて笑っている。「牛のオッパイは二つだったっけ、」と二つ消してもまだ笑っている。顔が熱くなってくるのをこらえながら「あ、この国は牛ではなく山羊の乳だった」と今度は山羊に描き直しても皆、ニタニタ笑っているだけだ。いやらしい男たち！

狭い店の中で一人の店員がわたしにくっつきそうになるのを感じた。

これだからおみやげ指定はいやだ。

別の男がわたしが持っている乳香にライターで火をつけている。甘い香りがした。するとと彼は二種の瓶をとり出してこれに近いと言う。色は違う……が、もうどうでもいいから近い香りのものをいくらか買って店を出た。また別の店でも絵を見せて、火をつけて、少し買った。乳香を探せない負い目を感じて三つの店で大粒のものだけを選び、両手いっぱいの量で合計三〇〇円程になった。

わたしが店を出て歩き出しても、どこの店員たちからもふくみ笑いと共にいつまでも見送られて、いやな感じだった。

山羊のオッパイの絵がそんなにおかしいの……。

旅を終えて夫に乳香買いの苦労談をした時はもっと大きな声で笑われた。牛でも山羊でもなく植物の樹液だったのだ！

考えてみればだれにでも分ることだった。例え牛乳を何かで固めたとして、火をつけても甘い香りなど出るわけがない。わたしは「乳香」という字から思い違いをしていたのだ。

ケレンにも相談して「トルコのは木から採るんですけどね……」と聞かされた時に気付くべきだったのだ。その時は店先で売られていた香木のことを言ってるのだと思っていたし、なによりもケレンが日本語に強いだけにわたしは初めに「動物の乳」と説明していたのだ。

樹木の幹に傷をつけると、乳白色の液が傷の溝を伝ってポタリポタリと落ち、自然に固まっていく。樹木の種類は多く、それぞれ色も香りも異なるそうだ。

金角湾のチャイハネ

街角

少年チャーシック

トプカプ宮殿入口の斜め向かいにあるジュース屋を描きたいと思っていた。店の横にあるアンティークな建物の一部を使っているのが面白い。でもイスラムの国の路上で女が一人絵を描くのには勇気がいる。

トプカプ宮殿へ行くのに外国人観光客は駐車場のある別の大きな入口から入るため、この辺りにはトルコ人の男ばかりが目立つ。

その日は六、七歳の女の子が一人で水売りをしていた。その子に同性としての力を得て、少し離れた所に家の壁と壁のすき間を見つけて座り込んで描いた。

女の子は氷の入った四角い洗面器のようなものに小さなミネラルウォーターを十本ばかりさし込んでいて、まだ慣れないらしく恥しそうに小さな声をあげている。

わたしが描いているジュース屋の店先でも十歳位の男の子が同じ仕事をしていて、こちらの方はすでに一人前の男のように片足を石の上に乗せ、目の前を人が通ればすぐにでも水をさし出せるよう、常にミネラルウォーターの口の所を持って慣れたリズムで「冷たい水！　三〇円！」と大声を出している。

わたしの横の女の子は時には泣き声のような声を出す。わたしが買ったっきり一本も売れない。この炎天下に氷も解け出した。しばらくすると彼女はとうとう役に立たなくなった水を捨て、器ごと両手に抱えてどこかへ行ってしまった。お母さんから叱られるだろうか。

わたしの場所にも太陽が当たり出したから左横の木陰にスケッチブックを移した。するとさき程から横に座って絵を見ていた少年が黙ってわたしのパレットや水を移し変えた。

しばらくするとまた木陰が動くので絵を移そうとすると今度は少年の方が先に全部のものを順序良く移し変える。またしばらくしてこの動作をくり返した。

悪い気はしないが……なんだ？　この子は。

年は十五、六歳位の、クルド人特有のもの憂げな大きな瞳と濃い一本まゆ、まだ幼さの残っている顔だ。

描き終るとこちらにおかまいなしに押し黙ったまま、えのぐで汚れた水をそこらへんに捨ててさっさと片づけにかかる。どんな国にも、勝手に手伝って愛想笑いをしながら手のひらを出してお金を要求する子供はいるが、この少年は笑わないどころか真剣な目つきをしている。

夕刻までお店でも覗きながらホテルへ帰ろう。わたしが歩き出すと少年も歩き、やっと話し始めた。

Tシャツにジーンズの清潔な身なり、トルコ人男性の平均的身長で少し臆したようなまなざしを前かがみにわたしの顔に近づけて分らないトルコ語で話しかけてくる。

わたしの使えるトルコ語は「メルハバ（こんにちわ）」、と「テシェキュレデリム（ありがとう）」の二つしかないのに、顔や手の表情で少しずつ会話が成立していくとは！　それに、驚いたことには分らないと思い込んでいた少年の言葉の中にラテン系の単語が入っているのだ。ここは千年ビザンティンの国、そのルーツを彷彿とさせるものだった。少年の方も「コンニチワ」と「アリガトウ」を覚えた。

名前はチャーシック。専門学校のようなところは今は夏休みだと言う。

彼は考え深げにヒロシマ・ナガサキに対する哀悼の気持ちを伝えてきた。わたしは「テシェキュレデリム」と言った。

今まで旅をして、その地の人と話しを始めると必ずといっていいほど被爆への哀悼の挨拶をされる。スペインでもイタリアでもルーマニアでも。スペインでは犠牲者の数を尋ねられて正しく答えられなかった。はるか昔の世界に魅せられていながら、たった六十年前の自分の国のことを……。

（投下五年後の報告では、広島が約二十万人、長崎が約十万人となっている。この数字は今も増え続けている。）

チャーシックは会話のはじめに「ケイコ！」を付ける。それでまちがいはないのだが、その次に続く分りにくい言葉に比べると、なんだかいばっているように聴こえる。歩き方だって青年特有の強がった歩き方をする。ひざでリズムをとりながらゆっくりと大またで歩き、その歩調に合わせて肩を少し左右に振る。テレているような強がっているような。

この歩き方は今まで訪れたヨーロッパの青年たちと同じだ。アメリカ映画などでもよく見かける。日本で見たことはないが。

アビディンやケレン達のような三十代になれば普通の歩き方になるのがまたおかしい。

わたしはこれを「つっぱり歩き」と名づけている。

チャーシックは信号のない道を横断するときなど（もっともこの辺りに信号はないが）つっぱり歩きをさらに強めて道路の中心まで進み出ると、向かってくる左右の車

を両手で止めて、わたしをエスコートしてくれる。

途中、広場の方から数発の爆発音と共に人々の叫び声が聞こえたとき、何が起きたのか見に行こうとすると、レディは危ない所へ行くものではない、みたいなことを言って進むべき方向へ手をさし出す。わたしもレディになり切って我慢したが、これだけは後悔している。

その日は朝からいくつかのグループの男達が奇声をあげてデモをしていて、なにか雲ゆきの怪しい雰囲気だったのだ。爆発音のあと、煙があたり一面に広がり、大勢の警察官が二列に並んで私たちの横を走っていった。

こんな時、チャーシックは外国の女に対して男の仕事を全うしてるような顔をする。

ヒッポドロームに入った。美しい公園だ。ホテルがこの先にあるため、毎日ここを通って出かけるたびに幸せを感じている。このU字型の公園はローマ時代の競技場の跡、戦車競技の様子は映画「ベン・ハー」では最高の盛り上りを見せた場面である。

今では中心は楕円形の芝生、その周りを囲む舗道には見上げるように大きな樹木が並んでいて強い太陽の木漏れ日がレースの敷きもののようだ。

チャーシックは公園に隣接したスルタン・アフメット・ジャミイを案内すると言った。普通この寺院はブルーモスクという愛称で呼ばれているがトルコの人たちは長々とした名前をきちんと使う。この寺院の内壁を埋めつくす青いタイルや床に敷きつめられた青緑色の絨毯《じゅうたん》の中に立つと聖い世界の幻にいるように思えるところからブルーモスクと呼ばれるのだが、ここにはまっさきに足を運んでいたので、

「もう見たのよ」

と答えると、彼は表情を落として今度は向かい側の「イスラム博物館」を案内すると言ったがそこは休館だった。

少年は、イスラムの男として「客人をもてなし、女性を守る」というコーランの教えを一途に実行しているような、国際都市イスタンブールの大人の仲間入りをぎこちなく始めたような……。彼の家はわたしの泊っているホテルに近いそうだ。もし、別の方向でも暇な彼はわたしをホテルまで送り届けそうな勢いだ。

チャイハネ（喫茶店）が見えてきた。大樹の影に二十個程のテーブルとソファーを広げていて、隣接しているモスクの外壁を利用して広い絨毯が三枚下っている。夜になるとうす明りの絨毯の前で音楽演奏が始まる。サズというマンドリンに似た楽器に合わせて歌う旋律が妖艶に響く中にあちこちで水タバコを吸っている。水タバコの妖しげな、あやうい薫りがほの暗い中に漂う光景は異国の女には立ち入ることとの出来ない神秘に満ちている。

でも今日はトルコ人の彼と一緒だ。神秘世界に入れるかも知れない。

「なにか飲まない？」。誘ってもなぜか反応しない。少年にとってもここは別世界だろうか。

わたしはオトコ・チャーシックを傷つけないように、「のどが乾いた」と断ってソファーに腰かけコーラを二つ注文した。

隣のテーブルでは中年の観光客カップルが一台の水タバコ《ナルギレ》を交互に吸っては遠くを眺めている。

わたしのカップルの相手は神妙な表情でコーラを飲み干した。

木の幹を背に腰かけている少年を描いてみようとすると彼は初めて恥しそうな笑顔

を見せた。それでも両腕をソファーの上に左右に広げ乗せ、足を組んでポーズを取り、結構ノッている。

隣のイギリス人夫婦だという二人の「ナルギレを吸ってみない？」と言う誘いに乗り、口にあててみた。

禁断の香りは野原の味がした。

それを見ていたチャーシックがポーズを取ったままの格好でウェイターに何か尋ねている。「無料だそうです」

さっそく十種類の植物の中から「ローズ」を選んだ。

水の入った細長い一メートル程の本体を床に置いて、その先端に炭を乗せ、その上にばらの花びらを固めて乾燥したものが乗っている。本体から長いホースが出ていてその先のたて笛のような口の所で吸うのである。

炭に火をつけてしばらく措いて吸ってみると、ほのかなばらの香りが広がった。ニコチンとタールが水の中に消え、ばら園の中にいるようだ。

口の中に香りを含み……ゆっくり……その香りを外に出して……とイギリス夫人がわたしの口元を見ながら言う。遠い世界にすい込まれるように……。

チャーシックも試みた。なんてことない、という顔をしている。乳香の街イスタンブールの人には慣れ親しんだ香りなのかも知れない。

ばらの薫りを身にしみ込ませてホテルの前まで帰ってきた。彼の家はこの先だそうで、別れ際に「バーイ」と言ったかと思うとわたしの肩を抱き、右と左の頬にキスをした。びっくりした。

彼は大きくつっぱり歩きをしながら坂をゆっくりと下りて行った。

坂を下りてマルマラ海に出るまでの入り組んだ辺りには貧しい家々がひしめき合っている。そのうちのどこかにチャーシックは入っていくのだろうか。

……インシャアラー……

国境の橋

イスタンブールから陸路でギリシャを南下していく一ヶ月の旅に出た。

エセンレル・オトガルは大きなバスターミナルだ。国内線、国際線と空港並みに別れていて国際線にはブルガリアやルーマニアを通ってチェコ、オーストリア、ドイツまでも行く。それぞれに会社が異なっていてバスの色やデザインもまちまちだ。皆、大きな荷物を抱えている。

私たちが乗るバスは、中でもかなり使い込まれている様子だった。

トルコからギリシャに抜ける国境検問所はエヴロス河の橋にある。橋の手前にトルコ側の検問所、橋を渡った所にギリシャ側の検問所。

その間のどちらの国にも属さない緩衝《かんしょう》地帯の橋を歩いてみたい、と言ったらバスのチケット会社の女性から「それは出来ません！」と一喝された。

二つの国はアレキサンドロス（アレキサンダー大王）がこの河を渡り東方遠征への足がためをしたころよりお互いに争奪をくり返し、今でも細心の注意を払っているのが国境附近である。

わたしは仕方なくバスの窓側に席を取り、外の空気に少し近づいた。出発して四時間余り、茫洋とした地を眺めているとバスの速度が弱くなってきた。

橋だ。エヴロス河は思ったより狭い。

若い大王はこの河を騎馬でひとまたぎして西アジアを征服し、強敵ペルシャを倒した。数日前には二十一歳のオスマン・メフメット、そして今日は二十歳のアレキサンドロス……世界は若い彼等にどのように写っていたのだろうか。

歩きたいと思っていた橋は川幅に比べると異様に長い。ギリシャ側検問所に入った時、バス全体に豪雨のようなシャワーをかけられた。どういう意味があるのだろうか。

まもなく全員バスから降ろされパスポートを集めて持っていかれた。

一人ずつ呼ばれては建物の中に入って行く。皆、何をすることもなく、ただ降りた所に立って順番を待っている。

乗客の中に二人の日本人を見つけた。どちらも一人旅のバックパッカーでフリーターと女子大生。なんとなく四人が集まって旅の話をする。こんな時にいつも聞かれるのが「ネンパイの人がなぜバックパッカーに？」というものだ。彼等と同じく私たちにとっても一番楽な旅のやり方なんだけど……。

入国管理の調査はゆっくり続けられているようだ。

フリーターの青年はボサボサ髪の汚れた身なりをして思いつめた表情で、ギリシャを二週間で回ると言い、女子大生はちょっとそこまで散歩に行くような小ざっぱりした姿でこのあとアテネからヨーロッパを三ヶ月ほど。対照的な二人が面白い。

わたしの名前が呼ばれて部屋に通され、ドアをカチャッと閉められた。目の前のテーブルには厳しい目つきをした三人の調査官が座っている。三人それぞれがギリシャ訛り（?）の英語で質問してくる。どこから来たのか、ギリシャへ来た目的は？行き先は？滞在期間、仕事、持参金をドルと円で書き出して。こんな時に手早く済ませるコツは一人だと思わせないことだ。男性や若い女性ならともかく、いい年の女の一人旅は納得させる要素が少ないようだから、「ちょっと待って下さい」と言って外にいる征子さんにも入ってもらうと、まもなく二人一緒にOKが出た。

乗客全員が終わると次は荷物検査。三時間後に検査が終わるとパスポートを戻され、別のギリシャのバスに乗せられた。検問所でバスが入れ代わることを知らなかった。やはりトルコのバスに荷物を置いたままの人もいて運転手にかけ合っている。

ギリシャの入口の町、アレクサンドルポリに着いたのはイスタンブールを出発して八時間経っていた。

アレキサンドロスが最初に都市を造って自分の名前を付けた町である。青年王は、都市を征服しては自分の名前を付け、部下をその代表者に置いて治めさせ、次の都市《ポリス》を目指す、という戦い方を続けながら勢力を広げていった。そのため彼の名前のついた都市は多く、この近くにもアレキサンドリアという町がある。

イスタンブールの考古学博物館でアレキサンドロスのものと言われる石棺を見た時は息苦しい思いをした。お棺の四面にはペルシャ軍との戦いに勝利する姿が勇々しく彫られているものの、石の蓋《ふた》はまるで生き返られては困るかのような重厚なものだった。


バスを降り立つと風景が一転していた。

建物が異なり、人の顔が異なり、女性の服装が変わり町の匂いが違う。

ここはヨーロッパ。イスタンブールの喧噪がこの時ほど遠くに感じたことはない。うらさびれたヨーロッパの田舎町だ。遠い昔、兜《かぶと》を冠り、盾や長槍、弓、矢、剣などさまざまな武器を持った歩兵や騎兵達の奮然の中をマントを翻《ひるがえ》して闊歩していた青年王の陰さえ感じない。

宿をとってすぐレストランを探した。二人ともお腹がぺこぺこだ。独特なギリシャ文字の看板が新鮮で面白い。やっと一軒見つけてメニューの中に「ギリシャサラダ」と書いてあるのをまっさきに注文した。運ばれてきたお皿の上にはトマト数きれ、きゅうり数きれの上に覆いかぶさるように一枚の食パンのような形の白いものが乗っかっている。チーズだった。

このあとずっとギリシャではトマトサラダと言えばトマトの上に山羊のチーズが、きゅうりサラダと言えば本当にきゅうりだけがお皿に並べられて白い山羊のチーズがかぶさっているのだった。

「また白い畳が……」と笑ったものだ。

山里の僧院

バスがカヴァラの町に入る時に立派な水道橋の下を潜《くぐ》ったので、ここに二泊することに決めた。こんなに形を崩さずに長いカーブを描いた水道橋を見たのははじめてだ。カヴァラは小さくて明るい港町。はじめて見るエーゲ海はエメラルドグリーンに輝いていた。何も知らずに立ち寄ってみて美しい町に出会うのは嬉しい。

港に面したホテルをとって窓から眺めると、弓形に曲がった港全体がすっぽりと視野に入り、その中に大小さまざまな船が停泊している。島めぐりの豪華客船が出入りしていたり、小船にテントを張って船べりに足を投げ出し昼寝をしている人の姿も見え、沖合には帆船が錨を降ろしている。

左の小高い丘には赤い屋根が丘全体を埋めつくしていて、そのすきまを縫うように城塞の石壁が階段状に海まで続いている。

街を歩くとトルコ人にも出会い、トルコ料理ドネルケバブ（羊の焼肉）の店も見かける。

ギリシャ人の顔は他の地中海地方の人々とよく似ている。スペインやイタリア、ポルトガルなどのラテン系の人々に近いとホッとする。

私たちはカヴァラで人々を眺めたり絵を描いたりして身を解きほぐすとまた、バスに乗った。

アテネに次ぐ都市、テサロニキに着いた。

降ろされた所はただ莫然として埃っぽく汚れている。民家の生活用水が道路に流れ出している。

ヨーロッパは一概に駅やバスターミナルは町はずれにある。便利さよりも街の景観を守っているようだ。古い石造りの建物を壊してまで便利さを求めない。石（ペテロ）に対する宗教観も大きいと思うが。

町まで歩いてやっと宿を探しても、部屋の窓からは手の届きそうな隣のビルの汚れた壁しか見えないので、すぐ外に出て暗くなるまで散策した。

歩いていてふと、ギリシャ映画「旅芸人の記録」を思い出した。映画の中の旅芸人の宿や広場がどこか近くにあるような気がする。わたしにとってもう一度観たい、とは思わない映画だったが不思議にいくつかの場面が鮮やかに記憶に残っている。中でも「私は小アジア（トルコ）難民第一号……」で始まる長いセリフは印象的だった。トルコの四〇〇年に及ぶ支配から独立した後、トルコにいるギリシャ人とギリシャで生活しているトルコ人とを交換した。数十万人単位の「交換」ということがわたしには理解出来ない。

何代にもわたって住み続けていた自分の国が突然、外国になる……。

テサロニキにも、このあと訪れたアテネやエーゲ海の島々にさえギリシャに残る選択をしたトルコ人を度々見かけた。彼等の表情はイスタンブールの人々とは異なり、どこか歴史の重みを背負っているような感じを受けた。

エーゲ海に面した海岸沿いに出ると風景が明るく変わる。海に向けて、椅子を並べたカフェニオンがずらりと続いている。若い人達が、飲みものを手に本を読んだり話したりしている。大学生のようだ。近くにテサロニキ大学がある。ギリシャには私立大学はなく、わずかな選ばれた者だけが国立の大学に行くそうだ。

カフェニオンを過ぎるあたりから樹木が増え、緑に包まれていく。ところどころにピンク色のネムの花が大きな木いっぱい咲きほこっていて遠くから見ると、まるいぼんぼりのように見える。樹木の下は落ちた花で円形のピンクの絨毯のようだ。その一角に大きなアレキサンドロスの騎馬像があった。マントを翻して生き生きとした表情に造られている。アレキサンドロスはこのマケドニア地方で生れ育っている。

近くには彼の指南役的な立場にあったアリストテレスの銅像もあるが、作者が異なるらしくこちらの方はデッサンも悪く精神性も感じられない。

思いがけない所に二千年前の皇帝霊が現われたりビザンティンの聖堂が残っていたりしている。

ビザンティン美術館も林の奥にあった。

広い芝生の中に赤レンガのどっしりとした建物だ。中にはビザンティン各皇帝の肖像画、衣類、装飾品、生活用品、イコンなどが次から次へと現われる。多くの部屋を迷わず見学できるよう、廊下の角には案内の職員がいる。

宝の山のような豊富な内容で職員の数も多いのに、入場者は私たち二人の他に中年の女性が一人。静まり返った館内で靴の音や話し声に気を遣って歩いた。

ある部屋の正面の壁いっぱいに聖堂のアプシス（祭壇の場所）部分を大きくひき伸ばした写真が目についた。イタリアのラベンナにもルーマニア、ブルガリアにも見なかったものだ。

係の人に尋ねてみた。その人はよく分からないと言って館長を連れてきた。

「オシオス・ルーカス修道院のアプシスです」

「オシオス・ルーカス……!」。この修道院がギリシャ中部の山岳地帯に今もひっそりと存在しているのは知っていた。この僧院を捜すのはギリシャでの目的の一つでもあったのだ!

わたしはふるえる手でギリシャ全土の地図を出して館長に場所を尋ねた。地図の一部には中部山岳地帯を大ざっぱに赤印で囲み「オシオス・ルーカス、このあたり?」と書き込んでいた。

エリコナス山中にあるという僧院までは「アテネから列車とタクシーを乗り継いで」、いや「デルフィーまで行って北に戻って」と、いつのまにか数人の職員も行き方を考えてくれている。

中には「ワタシ、ヨコハマ、イキマーシタ」というフランス人の職員もいて、この若い男性は日本に旅して日本語も勉強したそうだ。


その後南下を続けて、一週間後に私たちは幻の聖地に立っていた。

タクシー運転手は細い山道を行ったり戻ったり、人に出会えば尋ねたりして捜してくれた。稜線の上に出ると、山並みがいくつにも重なって地平線の彼方まで続いている。このあたりの山には高い樹木はない。終日燃えている太陽のもとで、凄まじいほど乾燥している。見知らぬ雑草や花はドライフラワーのようだ。

荒涼とした山肌に身を隠すように、眼下に僧院の赤い屋根が見えてきた。おもて側に迂回して降りていくと僧院前の広場には中央に大きな木が一本枝葉を広げていて、その広い影に木で出来たベンチが置かれている。

大樹の奥には年月のしみ込んだ赤い屋根が高く低くつながっていて、澄んだ空気の中、まわりをとり巻くすべての山々に秘かに守られ続けてきた自信と可愛いさを感じさせる。

聖堂のドアを開けると黒い衣を腰ひもで結んだだけの年配の僧が一人入場券を売っている。その印刷も紙も黄ばんでいることに感動さえ覚える。

そして正面に……あの、テサロニキで見た壁いっぱいの写真と同じものが見えた。アプシス（祭壇）の上にある聖母子像やアーチ型で飾られた聖人のモザイクやフレスコ画が千年も守られている。描かれた多くの聖人像は頭が大きかったり、身体が稚拙に見えたり、という私たちの感覚を超えたところでまっすぐな視線をこちらに見据えていて、たじろいでしまう。

建物はすべて石やレンガを積み重ねて造られていて大聖堂から小さな聖堂へ、修道院へと移り渡るところも石畳。石《ペテロ》は永遠だ。急ぐことは何もない。生や死を流れのままに受けとめて修道士たちが石を愛《いとお》しむかのように一つ一つ手で並べて造り上げたような僧院世界は、どこに入ってもこまやかな変貌を見せる。

礼拝堂に入ってみた。階段を少し降りていった半地下のドアのない小さな部屋の壁やドームの天井、柱に至るまでフレスコ画に覆われている。聖人や色とりどりの植物が描かれている中に柱からドームを支える梁《はり》のところだけが、濃緑と白との縞もようで飾られていて、サラセンの匂いがする。スペインのコルドバにあるメスキータ（イスラム寺院）の柱を思い出した。

静かな僧院だ。私たちはこのぜいたくな空気を独占していた。

あちらこちらに階段や入口がある。ある階段を上ってそっとドアを開けると、すらりと伸びた全身を黒い衣で覆った若い男がゆっくりこちらに歩いてくる。肩まで伸びた巻毛が暗い廊下の奥の窓から入る陽光を背に受けてしなやかに光っている。映画の一シーンを見るようだ。彼は清らかな風貌でその美しさに見とれているわたしに近づくと、はにかんだように微笑み静かな口調で何かを言った。

ここは一生をキリストに捧げる禁断の部屋、修道士の館だったのだ！　マヌケなわたしはその言葉にさえうっとりとして、直後にどこかへこの身を隠したい気分になった。バチ当たりモノが！

ギリシャの裕福な家に生まれたルーカス（「ルカ伝」の著者）は、医学で身を立てた人だが、不思議なことに、医者が「処女受胎」を容認するに至ったのである。

絵も得意だった彼は、絵画で布教して回ったと伝えられていて、オシオス（聖）・ルーカス（ルカ）が医者と画家の守護聖人だということは旅から帰ってから知った。

カヴァラの城塞

困った指定席

多くの運転手はCDを手にバスに乗り込んでくる。大半はギリシャの歌謡曲だ。レストランでもどこでも似た旋律の曲が流れている。トルコとギリシャの音楽はよく似ていてオリエンタルな響きがする。メロディやリズムだけでなく楽器も同じなのだ。よく使われる、マンドリンに似た楽器をトルコでは「サズ」と呼びギリシャに来るとそれを「ウズキ」と呼ぶ。ギリシャ音楽を聴きながらのバスの旅はいい。

一度、若い運転手の時はマドンナの入っているポップスを聴いた。CDなしの運転手もいるところを見ると、きっと音楽は乗客へのサービスではなくて、自分のための退屈しのぎかも知れない。乗車代金に気を配ることもなく、停留所名を乗客に知らせることもなく、日本のようにマイクでアナウンスする運転手も見たことはない。（運転、案内、代金、注意などを一人でこなすのは日本だけの技能だろうか）

運転手は運転することだけが仕事で、タダ乗りを防ぐために、通行途中に突然職員が乗り込んできて全員のチケットを調べたらすぐ降りていく。

すべて指定席である。その指定席の使い方が時々分らなくなる。

以前、スペインで同じような長距離バスの指定席に座って出発を待っていた時、わたしの横に座っている男の姉だと名乗る人がわたしに席を代わってくれと言った。一度はチケットの席番号を見せて断ったが「奥に空いた席があるじゃない！」と猛《たけ》だけしい黄色い声を出されて、その時は一人旅だったこともあって仕方なく移り座ったとたん、隣りの席の男とその女が抱き合うようにして笑ったのだ。

それがどうしても感謝の喜びではなく、「ヤッター！」という勝利の喜びに感じたのがいつまでも頭の奥に疑問として残っていた。

ある時、南ヨーロッパに住んでいる兄と話していて乗り物に関する話題になった時に、その疑問を出してみた。彼が言うには、もしお互いが同じレベルの力を持っていれば、と前置きして特に地中海地方、ラテン系の人々は自分の思う通りになればそれが「正義」であり、思い通りにならなければ「悪」だと考えているそうだ。だから議会でさえ主張ばかりで何一つまとまらない、とこぼしていた。

……ヘンな正義だ。わたしは席を譲った上に悪者になったのか。

この旅でも二日前にカヴァラから乗ったバスの中で争う声を聞いた。

腰かけている観光客男性に向かって席を代わってくれ、と言っている男がいる。観光客はチケットの指定番号を証拠に見せて「ここは自分の席です」と英語で断っているのに男はなおも食い下っている。

観光客も動かない。わたしは秘かに観光客を応援していた。

五分も言い争いが続いたあと、男は両手を振りながら声を荒らげ、観光客に罵声をあびせて自分の席に座った。

その日、まさかまた自分の番が来るとは思わず前日のうちにチケットを買い、日陰に当たる右側に征子さんと二人並ぶ席がとれた。きっと今日も三五度を越す。しかもこの、前から二番目の席は窓ガラスのつなぎ目の桟《さん》がない、外の風景がすっきり見える場所だ。乗り換えも入れて五時間の旅である。

テサロニキのターミナルにバスが入ってきた。荷物をバスの横腹に入れてタラップを上ると、もう私たちの席に他の人が座っている。二人とも太った体格、六十歳ぐらいの夫婦に見える。

「ここは私たちの席です」と言ったが夫婦はギリシャ語で何かを答えてすましている。わたしは自分のチケットを見せて「あなた達の席番を見せて下さい」と言っても二人はチケットを出そうとしないばかりかその倍ぐらいの長いギリシャ語で返してくる。

気がつくと運転手がCDを片手に困った顔をしてわたしの横に立っていた。

征子さんも困った顔をして奥の方に立っている。

全員が腰かけないと出発出来ない。

いつもなら、つい、どうでもよくなってしまうのに、この地ではこの地らしいルールに合わせてみたいという興味があったのだ。

乗客は皆、静かにコトの成り行きを見ている。

今度は運転手が夫婦との口論を始めたが二人はガンとして反論する。

彼等の身振り手振りと声から判断すると「あたし達が先に座っていたのよ！」とか「あの席は暑くてたまらない」、「この大きな身体をまた移し変えるつもりか！」のようなところだろうか。まちがっているのは明らかなのに不思議な論理だ。

もう、どうでも良くなっていた。わたしさえ我慢すればバスは発車できる……。でも実は、夫婦の横に立ったままの両足の靴の裏に吸盤でも付いているように床に吸いついたまま硬直して動かないのだ。

ふと見ると運転手が夫婦の前列に座っている二人にチケットを出させている、と、左の女性が席を立ってわたしの横をすり抜け、後部へ向かおうとしている！

St. Sofia 寺院

「あ、ちがう！」とあわてたわたしは手を横に振り、後ろへ向かう女性の方を見ると征子さんが空席に腰かけようとしている姿が見えた。もう、主張の余地はない。思いがけない展開に狼狽とやりきれない気持ちを持ったまま強《こわ》ばったように前の席についた。

運転手が勢い良くバスを出した時、隣の席の男性がにっこりして「ペラペラ・エラーダ！」と言いながら握手を求めてきた。ギリシャのことをエラーダと言う。彼は「ギリシャへようこそ！」と言ったようだった。

わたしは突然の歓迎の意志表示とまるい笑顔に少しほころび、「ありがとう」と言いながら手を握った。手が暖かい。

人の好さそうな、ギリシャのどこにでもいるようなおじさんだ。

彼は、わたしに沈み込む余裕を与えず、続けざまに話しかけてくれたが、言葉が分らない。困っていると通路を挟んだ左隣の女性が「どこから来たのか」「どこへ行くのか」などを次々と英語に直してくれた。

「ギリシャは良いだろう？」と言うギリシャ語に女性の英訳。

わたしは右を向いて聞き、左を向いて理解し、それに答えては右を向いて反応を見るという、首振りの会話を続けているうちにさき程の事件のわだかまりがほぐれていくのを感じた。

うしろのガンコ夫婦は押し黙ったままだ。

バスはいつのまにか美しい渓流に沿って走っている。流れの音が聴こえる。ギリシャ音楽が聞こえないのが気になった。運転手はさっきのことでCDをかけ忘れたのではないだろうか。

「向こうに見える山々はオリンポス山だ」

「オリンポスの神々はあなた達の旅を守ってくれる」。なんという優しい人だろう。

別の乗客からもらったピスタチオを三人で分けて食べた。ピスタチオはギリシャの名産だそうだ。

おじさんは通過していく小さな町や村の名前を教えてくれて、わたしが復唱するのを待っている。彼が「エーゾプラカ」と言えばわたしも「エーゾプラカ」とオーム返しをする。時々まちがって言い直しをさせられる。通訳女性も笑顔でわたしの口元を見ている。

そのうちどんな村の名前も頭に「エーゾ」が付いているのに気がついて、通訳女性に「エーゾってなに？」と尋ねた時、回りの人達がドッと笑った。運転手の「ア・ハーッハーッ」という大きな笑い声は今も耳に残っている。

……今までの会話を聴かれていたのだ……あれからずっとわたしの動静は見られていたのか……。恥しくてからだ中が熱くなった。

彼女によるとエーゾとは「ここは」「この辺りは」という意味らしい。おじさんが「ここはエラティア」と教えれば、わたしは一つの単語と思って「ココワエラティア」と反芻《はんすう》していたのだ。回りの人達も「ここは」まで復唱するのが気になっていたのだろうか。

トリカラに着いた。バスから降りる時におじさんは「良い旅を！」（と思う）と言って手をさしのべた。わたしは心を込めて握手をした。通訳女性にも別れの挨拶をした。

天空の箱船

メテオラはギリシャ中部、ピントス山脈の懐《ふところ》にあるため交通の便も悪く、いくつかの乗り換えがいる。しかも一連の山々をも含めたギリシャ正教の聖地であるから近くには民家も宿もなく、隣町のカランバカに泊まることにした。

トリカラで乗り換えたバスのシートに、深々と腰かけられる幸せを感じながら出発を待っていると、外で係の人が「カランバーカ！」「カランバーカ！」と行き先を大声で連呼しているのが聞こえる。「バーカ」にアクセントをつけて出発を促しているのだが、ギリシャの中でも最も神に近い修道者の里を訪ねようとしている日本人には気になるものだ。

出発して一時間も過ぎると、固い奇妙な岩山が大地からとび出したような風景を見るようになった。トルコのカッパドキアを思い出す。カッパドキアの奇岩群はもっとやわらかな形をしてその姿が人の形であったり人の顔を連想させるものだったが、ここは切り立った断崖が厳しい印象を与える。

まもなくカランバカに着いた。小さな町にしてはホテルや民宿が多い。

わたしは宿を選ぶ時、まず値段を尋ねて納得すれば次に部屋まで案内してもらって窓を開け、風景を見てから決める。都会ではこの風景は期待出来ないから値段の安さで決めるしかないが。宿の人の中には積極的に「部屋を見てみますか？」という人も多く、泊まる部屋を確認した後に決めるのは一般的なのかも知れない。そんな時にさりげなく、窓を開けてもらって外の景色を見るのだ。

三階や四階の高さから見ると、民家や商店の間をぬって宿を探す時の目線では見えなかったものが見える、その瞬間は驚きである。あとはなんにもいらない。窓はパンドラの箱のようなものだ。

この日も立派なホテルを見送って町の南端にあるホテルまで来た。朝食付きで約二四〇〇円という値段に少し迷いながら部屋の窓を開けてもらった時は思わず息をのんだ。

豪快な岩山が目の前に立ちふさがっている。山の両端は垂直に落ち、黒色や茶色っぽい岩肌が裾に向かって大きく丸みを帯び、それがもつれ合いながら広がっていくのが何だか巨大な生きもののようだ。今にも動き出しそうな丸い塊の岩と岩との間を低い樹木が生い連なっていて、上から下へ細い緑のラインになってくねりながら眼下に下り広がってくる。

私たちはここに三泊することに決め、リュックをベッドの上に放り投げるように置くとまた、外を眺めた。

「グランドキャニオンみたい」と征子さん。二人とも写真でしか知らないが。

見渡す限りの奇岩群だ。大自然の長い歴史の中で水の侵食作用か風食作用かで形が作られてきたらしい。

焼けつくような午後の太陽が岩山に反射して、じっと見ていると目の感覚が麻痺して大きな蜃気楼の中にいるようだ。

しばらくして気がついた。山頂の峰の一部に小さく赤い屋根が見える。修道院だ。あ、向こうの崖の上にも。

下界との生活を断ち切って、ひたすら神との交信を求める……。

初めてここを訪れた修道士は、およそ安らぎとは縁遠い、殺伐とした断崖の魔境に立って、何を考えて今からの住み家となる岩山の品定めをしたのだろうか。

僧院をめぐり歩いた。巨大な奇岩から奇岩へと行く曲りくねった山道は広い聖なる山岳地帯の胎内を流れているようだ。土と石と草だけが昔からの自然の成り行きにまかせている。次から次へと形を変えた岩山が現われる。岩の中腹に、かつて修道者たちが瞑想していた洞穴もあちらこちらに見える。あの垂直の岩壁をどうやって洞穴までたどり着いたのだろうか。

メテオラの僧院めぐりはまさに山登り。どれも百段前後の深い石段を登り降りる。征子さんは「山の会」に入って体を鍛えているからさすがに足が強いし、早い。

山頂の修道院まで上るのにも、最近まで階段はなかったそうで修道士たちは切り立った岩山をよじ登ったり縄ばしごを作ったり、建物から吊るされた網《あみ》に入って滑車で巻き上げたり、人数が増えると共に少しづつ便利になっていった。

メテオラとは「空中に吊り上げられた」という意味だそうだ。

地上世界との断絶の中でただひたすら神を信じ、神に祈ることは苦業だろうか、喜びだろうか。精神が乱れ、気が触れて自ら命を断った人もいると言う。

ある聖堂のフレスコ画に天国が描かれていたり、ある壁には恐ろしい程の地獄絵が描かれている。

天寿を全うした人の頭蓋骨を棚にきれいに並べてある部屋があった。ヨーロッパ中

天空の箱舟12

メテオラ

世の王族などの肖像画には背景の部屋の様子を描《か》き込んだものも多く、テーブルの上に飾られた頭蓋骨などもていねいに描かれていたりする。精神性を表わす意味で、敬愛する聖者たちのものを飾る習慣があったようだ。西洋絵画には今でも人だけではなく生きものの骨や貝殻などが多く描かれている。宗教は常に死を見つめている。

ある部屋には丸くて大きなぶどう酒の樽がずらりと置かれていた。棚には薦《こも》で包んだワインボトルが並んでいるのを見ると、主の血として儀式《ミサ》に使われる聖酒とは分っていても、聖職者と言えども人の子、陰でこっそり飲んでいた人もいたんじゃないかと想像するとホッとする。

修道者の数が増えるたびに、建て増していった聖堂や生活空間の施設は固い岩肌に合わせて階段を上ったり下ったり迷路のようだ。低い天井も壁も床もほとんどが木で造られている。ある僧院の小さな食堂の片面は壁も窓もなく、そこからは広い天と下界だけが見える。抽象的な空間に似合わず、その部屋には木製の長テーブルに小さな椅子がいくつも置かれているのが白雪姫の童話に出てくる七人の小びとの家のようだ。

彼等も多くのギリシャ人のように、食事は青空の下《もと》で食べるのを好むのかも知れない。

修道士は祈りのあい間に聳《そび》え立つ岩石の上で畑を耕し、秋にはぶどう酒を仕込み、壁画やイコンを描き、衣服を繕《つくろ》い、大工の仕事もする。天と地に守られながら。

尼僧の修道院もあった。たてに割れたような形の二つの岩山の上をつないで短い橋が架けられている。そこを渡る時は下を風が吹き抜けて一瞬、自分の体が宙に浮いているような気がした。

サントリーニ・ブルー

アテネで宿を見つけたプラカ地区界隈の汚れ方は凄い。世界史の第一ページに華々しく登場して子供たちを未知の国へ運んでくれた、あのパルテノン神殿の足元の町には崩れかけた建物が密集している中に安いホテルも軒並み続いている。バックパッカーには古き良き時代の姿を間近に見ることが出来て便利だし、人が生きてきた証《あかし》をきれいさっぱり消し去ったような清潔さよりずっと面白いが。

アテネに着いたのは夕方、神殿詣《もう》では明日にしてひとまず散策と夕食を済ませようと宿近くの角を曲ったら通路いっぱいテーブルと椅子が埋まっていて、それが次の角まで続いているようなオープンレストラン通りに出た。

すでに食事をしてる人も多く、テーブルのすき間を歩いていると「田代さん！」と声がする。日本人男女四人のメンバーの一人の顔と名前を思い出した。「中村さん！」。

数日前、メテオラの、崖より一段低くなっているところで一人スケッチをしていると、その崖の上の道路にバスが止まり突然頭の上から「ココカラノ、ナガメガキレイデス」という日本語が聞こえた時はびっくりした。ガイドの言葉だった。向こうもまさかこんな所に人がいるとは思わなかったそうだ。彼等は東京のツアーのメンバーだそうで、その時はお互い興奮して上と下とで話しをした。「ちなみにボクは中村です」と会話をしている人の間から突然顔を出して名乗ったので、その場にいた人もドッと笑い、私も笑いながら名乗った。学校でもクラスに一人はこんな男の子がいたな、とバスが去った後に中学の同級生のことを思い出したから名前を覚えていたのだ。

彼等の今日の日程は午後自由行動だというので四人で早めの夕食をとっているのだと言う。テーブルの上はえびの殻などの入った食後のお皿であふれていた。

「ギリシャは何でも安いですねェ」と言いながら私たちにオレンジジュースをごちそうしてくれた。明日は日本に帰るそうで「ストに遭わなくて良かった」と言っている。何のことか尋ねると、パルテノン神殿などの公共機関は明日から四日間のストに入るそうだ。ガイドが言ったからまちがいないと。

予定を変えなくちゃ！　ツアー旅行は情報が豊富だ。あとでホテルに帰ってフロントにストのことを聞いても知らなかった。

彼等に、もう一つ情報をもらった。

ギリシャ映画「その男ゾルバ」の中で、粗野で放漫で優しさあふれる男に扮したアンソニークインの砂浜で踊るラストシーンが哀しいほど印象に残っていて、あの踊りはきっとギリシャ独特のものでアテネならどこか民族舞踊を見せる店で見られるかも知れないと思っていたのである。中村さん達は「きのう見ました」と言いながら勘定を終えるとすぐ、近くのナイトクラブの入口まで連れていってくれた。「場所さえ覚えたらいつか予定して下さい」「この大きな木を目印にして角を曲がるんですよ」「角は右、左、左の順に三つ」。

陽気な人達と別れて暗くなる前に旅行代理店を探した。都会の歴史的建造物めぐりに疲れたらエーゲ海のどこかの島でひと休みしようと考えていたのが、バカンスの方を先にすることになりそうだ。

ホテルのある道路から二ブロック先の道路には小さな旅行代理店がいくつも店を構えていて、そのうちの一つに入ってみる。

ギリシャには数えきれない程の島がある。エーゲ海の宝石だとか真珠だとか宣伝したポスターが小さな店の中の壁にところ狭しと貼られていて、どの島もとてもきれいな印刷だ。

代理店は夫婦で仕事をしていて、奥さんはアルゼンチンから来た母と娘にスペイン語で応対している。私たちはサントリーニ島へ行く船と五泊六日のホテルを予約した。

アテネに着いたとたんパルテノン詣でもせずに島遊びに行くことになった。

朝早く、旅行代理店の人がTOYOTAの車でピレウス港へ送ってくれる。ギリシャには高速道路がないのに百キロのスピードを出して走っている。道路標識を見ると七〇キロとか九〇キロとか、日本では考えられない速度規定だ。道を横断する人も四車線の間をうまい具合に縫っている。至るところで道路が掘り返されていて、代理店の人は「三年後のアテネオリンピックに向けて」と言っているが工事中の様子もなく仕事をしている人もいない。なんとか間に合うだろうという楽天的な状況は南ヨーロッパに共通している。

ピレウス港は船と人とで埋まっていた。どこから湧《わ》いてきたのか、ギリシャに入ってこんなに人々で混雑した光景を見たのははじめてだ。旅行代理店の多さ、仕事の早さ。ギリシャ経済は島の観光に拠《よ》るところが大きいのではないだろうか。

サントリーニ島まで四時間、高速艇は小さな島や大きな島の間を飛ぶように走っている。私たちの席はギリシャ人、スペイン人、コロンビア人の学生たち五人と一緒に一つのテーブルを囲んでいて、若者らしい興奮にまぎれ込み、退屈もせず、マイクか

おみやげ屋

ら流れる「まもなくサントリーニです」の声を聞いた。

大きな島のようだ。緑の少ない切り立った岩山の頂上は白く、この季節にして積雪（？）と思われたものが、近づいてみると白い家並がすき間なく乗っかっているのだった。

ホテルは三階建ての小さくて新しい正方形の建物、この旅はじめてのクーラー付きの部屋だった。部屋の壁も外壁も平たい屋根の上もすべて白く塗られ、朝食用のテーブルと椅子と窓枠やドアの枠の色がお揃いのマリンブルーで塗られていてきれい。かわいい。ホテルの向かいの民家も壁はすべて白、庭に出してあるいくつかの椅子はトルコブルーに塗られている。

白い建物の中に青系の色をポイントに使うのがこの島の流行《はやり》というより決りのように見える。街の中のレストランやカフェテラスなどに入ると、そういうところはほとんどが見晴らしの良い場所、青い海に向いていて島の形が弓形に湾入しているため右を向いても左を向いてもごつごつとした岩山の上部には、目を開けていられないほどまぶしい白い家並が続いている。家の平坦な屋根の上に少しずらせた形で上の家が乗っていて、それが山の傾斜に合わせて積み木のように重なっている。至るところに民家の間を通る階段なのか、個人用のものなのか、やはり白い石の階段が小さく見え隠れしている。

そして必ず屋上の柵や建物のどこかが青色で塗られるか壁面の上や入口などにまっ青の壺が飾られたりして効果的に青が使われているのが美しい。抽象的な舞台を思わせる中にポツンポツンとサントリーニ特有のトルコブルーに塗られたギリシャ正教の丸い屋根も新鮮だ。

生活の匂いを感じない不思議な青と白の世界である。

島の頂上の稜線がこの町唯一の車道になっていて、斜面にはりついた民家や商店に行くには、ほとんどが迷路のような細い石畳か階段だ。一度階段のつながりで困ったことがある。いつのまにか民家の屋根の上に乗っていて、やっと足が乗せられるほど狭い幅の、はしごのように急な階段を這うようにして煙突の角につかまりながら登ると、ようやく細い通路に出た。

迷路の中はすべてみやげもの屋、カフェテラスと多くの宝石店。ギリシャにこんなに洗練された店舗があるとは思わなかった。しかも宝石店はほとんどエアコン付きだ。きのうまでは店の入口のドアに仰々しく「冷房付き」と書かれた貼り紙を見つけると、私たちは顔を見合わせ、同時に「冷房付き！」と声を出してドアのガラス越しに中を覗いたものだ。

サントリーニの装飾品は店によって動物や海の中の生きものをネックレスやピアス、ゆび輪にデザインしたり、ギリシャ神話をテーマに作っていたりして個性を主張している。ショーウィンドウにたつのおとしごのピアスを飾ってある店をみつけて入った。わたしの干支《えと》はたつ年、値段の交渉を始めたとき店員がどこからか日本人女性を連れてきた。ゆかりさん、というきれいな人。目の大きい、長い髪をカールさせたふくよかな感じのその中年女性は近くの姉妹店で働いているそうだ。この店にはもう一人女性がいた。オペラ歌手のマリア・カラスや女優のイレーネ・ジャコブに似たきりっとした黒いまゆ毛に哀しみを含んだ黒い瞳、こんな女に見つめられたら男の人は息が止まるのではないかと思う程のギリシャ美人だった。ピアスをよく見るとたつのおとしごではなく、羊をデザインしていて、羊の頭の下に「の」の字を逆にしたデザインの体《からだ》が付いてたのを勘違いしていたのだ。

時間はたっぷりあるので、ゆかりさんと話しをしながら安くしてもらい、さっそく耳につけた。征子さんはラピスラズリのネックレスを買った。

ゆかりさんの退社時間に合わせて三人でタベルナに出かけた。タベルナとレストランとはほとんど内容は似ているが、テーブルカバーが紙ならばタベルナ、布ならばレストラン、と聞いたことがある。でもレストランの看板に入っても紙カバーが多かった。

ゆかりさんは日本人と話せるのがとても嬉しい、と言う。この島にも日本人の団体が来るけど、自分が日本人だと分ると皆スーッと引いていく、と不満を漏らしている。それで私たちの前に現われた時は不安気な表情だったのだ。

なぜギリシャの島に一人で住んでいるのか尋ねた。彼女はいつのまにかこうなった、という言い方をして、高校を卒業してからの波瀾に満ちた半生を息も切らずに話し続けた。「第一、ギリシャって国、とっくに消滅してると思ってたのよ」には驚いた。パルテノンとミロのビーナスには私たち世代は夢を大きくふくらませたものだ。確かにその後のことは日本では歴史の舞台に上らなかったし……旅を続けるうちに古代ギリシャのままひっそりと息を潜めていたんじゃないかと思った所もあるにはあったが。

魚のスープの味がいい、ということから料理や音楽がトルコと似ている話をすると「消滅」とまで言った彼女が「だってトルコは昔、ギリシャだったのよ」とまるでギリシャ人のように強い口調で答える。イスタンブールで聞いた「だってギリシャは昔、トルコだったのよ」を思い出しておかしかった。ヨーロッパの人々の歴史観は感心するほどしつこい。

サントリーニ

サントリーニ

私たちは過去を消すことを「近代化」とカンちがいしてるのではないか……旅先ではいつも考えさせられることだ。

ゆかりさんは最後に「ここで結婚相手が見つかるといいんですけど」と言ってにっこりした。

結婚してスーパーに足を運んで子供を生んで、おしめを替えて、という人間としての生《なま》の現実が、この抽象性の強い街ではどうしても想像出来ない。

今度の旅では美しい海ばかりを見てきた。アドリア海、マルマラ海、地中海、エーゲ海、そして濃すぎるほどの青い空。雲の一つぐらい浮かばせてごらん？　と思うほど天と海が青一色に染まる中に白く輝く街。なぜだかわからないが持ってきた黒や赤色のTシャツを着たくなくなって、綿麻混紡の白いブラウスを買った、チャイナ襟に衣飾りのチャイナボタンも気に入って。この日からずっと日中はこの白いブラウスばかりを着た。夜に洗濯してもすぐ乾く。着ごこちも良かったし、このサントリーニ・ブルーに溶け合える気がした。

ゆかりさんから教えてもらった美容室に髪を染めに行く。旅先で美容室の様子を見るのは楽しい。小さな室内に二人分の鏡と椅子がセットされていて、笑顔で立っている年配の夫婦が美容師のようだ。奥さんが持ってきた色見本を検討しながら鏡ごしにご主人の方を見ると、もう液を混ぜ合わせている。わたしの表情に気がついて「OK、OK！」。奥さんも笑いながら「まかせて下さい！」。色見本はあっても用意している色は決まってるのかも知れない、されるにまかせてみた。

髪が染まるまでの間、別の椅子に腰かけて二人の様子を見ていた。ここは理容もやっている。この町に床屋さんはないのだろうか。続けて入ってきた二人の若い男性のうち、先に来た方に奥さんがバリカンだけでうしろや横を頭皮が透けてみえる短かさに荒っぽく刈り上げると、今度はご主人が、持っていたハサミで頭の上にだけ残っている髪を頭のまるみに合わせるのではなく、畑のようにまっ平に切り揃えている。まっすぐ並んでいるかどうか腰をかがめて目線を合わせ確かめたらそれで終り。二番目に来た若い男性も奥さんのバリカンの音が終ればご主人は同じことをくり返している。

一方は細長い顔、もう片方は丸っこい顔をしてるのにヘアスタイルはまったく同じ、かかった時間も各十分、首すじやもみ上げにあるうぶ毛を剃ることもない。

先に終った細長い顔の男性が、あっけにとられているわたしを見て、すっきりした顔を向けて手を頭のうしろに当て、片足を前に出したポーズまで付けて、

「ファンタスティック?」

SANTORINI
エリトル・スタヴルウ通り

と聞いてきた。笑って返事をしたあとに、なぜ二人とも同じヘアスタイルなのか尋ねると「これが一番カッコイイんだ、ギリシャ男の流行だ」と得意気に答える。

昔、「ＧＩブルース」か何かの映画の影響でＧＩカットが流行ったのはこんな髪型ではなかったか。頭の上がまっ平だから下を向くと中央のトップのあたりの地肌が透けて見える。

代金を奥さんの手のひらに乗せてドアに向かうので帰るのかと思っていたら、入口横に設置してある小さな洗面台に頭をつっ込み水道の蛇口をひねり頭を荒っぽく洗うと、横にぶら下げてあるタオルで簡単に拭いて出て行った。洗うことで髪の切りくずを取り除くのだろう。足元にべったりと眠っている犬が水滴でもかかったのかぴくんと背中のあたりを動かしている。

丸顔の男も同じ作業をして出た。犬もぴくんと。

わたしの髪が染め上ったら余分の液を洗い落とす。この洗い方はイタリアの地方都市で経験した時と同じだった。日本の美容室のようにリクライニングシートで体を上向きにして、顔に水がかからないようガーゼを被せる、なんてことはしない。腰かけたままの姿に壁からプラスティックの水除け板が肩にバタンと乗ってくる。その板と首のすき間から水が漏れないよう、首を板に押しつける。頭を出来るだけうしろに下げて洗ってもらう。それでも「もっと下げて」と言われた。

洗髪が終ってタオルで水気をとって、数秒間……奥さんとわたしはお互い相手の表情を見合った。わたしは彼女が髪をドライヤーでブローセットしてくれるという、当然の動作に続かないのでどうしたのかな、と思ったのだ。彼女は、

「あ、ドライ？」

と聞いてきた。彼女にしてみれば、髪を染める仕事を終えてもわたしが立ち上らなかったのを不思議に思ったようだ。

「乾かしますか」という問いに「イエス！」とだけ答えた直後、しまった！　と気付いたのも手遅れ、彼女はわたしの髪を左手で持てるだけつかみ上げると右手に持ったドライヤーを髪の回りや髪の中に入れたりして、まちがいなく乾かしている。髪がバラバラに乾き終った後に櫛を手渡された時は内心ホッとした。ていねいに整えた。色もわたしが要求しようとしていた色に似ている。

今度美容室に行く時には、希望しているどんな細かいことでも言わなければ。

若い男性がギリシャ人か観光客かの見分けが出来るようになったから、夕食の時など回りのテーブルにいる男性のことを征子さんに得意になって言い当てたりしていたが、アテネに戻るとそうでもなかった。あの、刈り上げＧＩカットはサントリーニだ

けの流行《はやり》なのかも知れない。

パルテノン宮殿

アテネの画材店

アテネに戻って落ちつかなかった。出発の時持ってきた六冊のスケッチブックがなくなりかけていてサントリーニ島で文具店を探しあてたのに、ノートみたいな紙しか売ってなかったのだ。

征子さんが「あたしのを使って」と言ってくれるが彼女のも残り少ない。中学生のころ二人とも絵が好きだった。その後私たちは別々の世界に入り、今彼女は趣味で絵を描いている。

プラカ地区のタベルナ通りには路上にテーブルと椅子がところ狭しと置かれていて、そのあい間にタトゥ屋（入れ墨）や似顔絵描きの男達があちこちに客待ち顔で座っている。彼等なら画材店を知っているかも知れない。まず夕食、隣の小さい公園の樹木のところまで椅子やテーブルを広げているタベルナに決めた。私たちのテーブルの横には大きな扇風機が音をたてて回っている。八時過ぎても太陽の熱は容赦しない。

メニューの表に書かれているこの店の名前が「レストラン・ビザンティーノ」と知って、ビザンティンの旅を続けている私たちは顔を見合わせた。ここにもお薦めメニューの中に「タラモサラダ」がある。これには泣かされた。生野菜かと思っていたら魚の卵に味付けをしてペースト状に練《ね》ったものでワインのつまみにしたりパンに塗って食べるのだ。それは、とてもおいしいし、ギリシャ料理の中でも一番にあげたいメニューではあるが、その量がスープ皿いっぱいでとても食べきれない。地方のタベルナではメニューには分りにくいギリシャ語でしか書かれてなく、野菜を食べたい時に「サラダ」とでも読めたらつい、注文してしまい、またあのペーストだったという失敗を何度重ねたものか。

今夜はスタッフド・トマトとムール貝のフライ、それにドルマチェを注文した。スタッフドトマトはトマトの中身をくり抜き、ごはんなどを詰め込んで煮つめたもの、ドルマチェはひき肉や小さく刻んだ野菜などをぶどうの葉で包んで煮る、ロールドキャベツの外側をぶどうの葉に換えたようなものだ。味は店によってまちまちだけど、なにしろここはレストラン・ビザンティーノ、おいしいに決まってる、などと言いながら注文してみると、本当においしかった。この店にはその後三度行った。

食事を終えてすぐ先にいる女性に声をかけてみた。彼女は広げたビニールの上に水彩画を何枚か置いて売っている。えのぐをにじませて幻想的な絵に仕上げている。

彼女は自分は安い紙しか使わないから画廊《ギャラリー》なら専門店を知ってるでしょうと画廊の場所を教えてくれた。その画廊に入ってみると、飾ってある額縁に入った水彩画の紙質もいい。画廊の主人からメモ紙に画材店の地図と住所を書いてもらってまたタベルナ通りに戻ってきた。

もうすっかり夜も更けているのに外灯の少ないアテネの街でもここだけは不夜城のようだ。ある夜などはナイトクラブを十二時に出てここを通ったら、まだ夕食の客で埋めつくされていて、食事を終えた子供たちが遊び回っている。暑い午後の三、四時間を家で体を休めたり眠ったりして、夕刻から二日目がはじまるかのように仕事を開始するのだ。地中海地方に旅すると子供たちが広場などで夜遅くまで遊んでいる姿を度々見かけるが、それでも十二時過ぎというのははじめてだった。

次の日私たちは早く起きた。まずお金を両替して画材屋に行き、そのあと考古学博物館の開館時間に間に合わせるのだ。

ギリシャでは銀行も両替屋もレートはあまり変わらなかった。両替屋は早めに店を開けるので便利はいい。一万円両替すれば約三万ドラクマのお金に換えられ、三日程の滞在費になる。

ドラクマという通貨は「ひとつかみ」の意味があり、紀元前七世紀に誕生（！）した時は銀貨だったそうだ。世界で最も長く使われている。

両替して受け取った一万ドラクマ札を見て苦笑した。お札の上の方にボールペンで書かれた名前のような落書きを見たのだ。サントリーニのゆかりさんが「一万ドラクマ札には自分の名前を書いてた方がいいわよ」と言っていた。彼女が買い物をして一万札を出した時に五千札分のおつりしか返って来ない、というだまされた経験から証拠に名前を書くようになったそうだ。その日からわたしも教えられた通りに一万ドラクマ札にはボールペンで自分の名前を入れることにしている。田代、と名前の入った数枚のドラクマ札は今ごろギリシャのどの辺りをめぐっているだろうか。

アマリアス通りからバスに乗ると向かいの座席に腰かけている中年女性が「ここはアテネ大学」、「こちらは国立図書館」と案内をしてくれたり、私たちの降りる停留所も教えてくれた。ギリシャ一の文化の殿堂は樹木の奥に白い建物がちらりと見えた。

画材屋は店を開けたばかり、店員が入口附近に油絵用のキャンバス枠などを運び出している。

狭い店の中は商品の置き方にまとまりがなく床に置いてあったり、ただ不規則に品

アガメムノンの城跡

物を積み重ねていたりしていて下の方から飛び出したものには埃《ほこり》が積っている。スケッチブックはわたしも知っているイタリア製のものが五冊だけ立てかけてあり、そのうちの二冊をわたしが、一冊を征子さんも取り出して、品質を守るためにぴったりとコーティングされているビニール全体に乗っている埃を二人同時に払った。心なしか透明ビニールが黄ばんでいるような気もする。レジにいる若い女性店員に持っていくと「ちょっと待って下さい」と言って奥へひっ込み、まもなく出てきて「その値段はこれなんですけど」と不安気な様子でメモ用紙に書いてある金額を見せた。わたしは日本でもこの紙を時々使っていて値段も一冊二五〇〇円位だったと記憶しているが同じ品物が日本の半額もしない。一体輸入税というものはどうなっているのか、国によってこんなにも違うのだろうか。わたしは彼女に気持ち良く「はい」と答えた。

えのぐも買い足した。イタリアやイギリス、オランダ製の輸入ものばかりで、この国は油えのぐも水彩えのぐも専門家用の紙も作っていないようだ。

出入口に立てかけてある油絵用のキャンバス（麻布）はどれも弾力性のない描きにくそうなものばかり、キャンバスを張りつける木製の枠《わく》は日本のものなら五〇号でも中央に一本だけ木を通して補強する。木枠のつなぎ目には釘を使わずお互いをかますからしっかりしているのだ。ところがここに置かれている木枠はホッチキスで止められ、それでは描く間に崩れていくので縦横に何本もの木がまるで格子戸のように渡されていて、それ等をつなぐホッチキスだらけの姿がチカチカと金属の光を放っていてなんだか痛々しい。

ギリシャで絵を描く人は少ないようだ。スペイン、トレドに住んで名画を残した画家「エル・グレコ」とはスペイン語で「ギリシャ人」という意味である。生まれも育ちもギリシャなのだが。

えのぐが並んでいる棚を見ていると、

「あの、……」

と後ろから声がする。見るとこの店のオーナーらしい年配の女性が笑顔でお盆を両手に持って立っている。お盆の上には二人分の水の入ったコップと小さいドーナツのようなお菓子が深鉢に乗っていた。冷えた水はおいしかった。ドーナツ菓子は油と甘味がこってりしていたがそれでも二個いただいた。

神話の中で

バスに乗ってダフネ修道院に日帰りの旅をした。

千年モザイクを見るのも楽しみだが実はダフネという名前に惹かれていたのだ。

ダフネはギリシャ神話の一つ。いたずら小僧のキューピットが芸の神アポロンから、ちょっとしたことで叱られたことから、たわむれにアポロンへ向けて黄金の矢を射る、河神の娘ダフネには鉛の矢を放つ。するとアポロンは恋の炎を燃やしダフネはそれを疎《うと》ましく思うのである。追いすがるアポロンの手中にダフネが落ちようとした瞬間、ダフネの心を知った河神がダフネを月桂樹に変えてしまう。

以前ローマで、このドラマの彫刻を見た。作者のベルニーニはダフネの美しい裸体のゆび先から次第に月桂樹に変化していく姿を表わしていて、小枝からやわらかい葉が生まれ出るとしなやかに腰をくねらせて逃げようとするダフネの姿態が哀しいまでにきれいな作品だ。

ダフネとは月桂樹という意味である。

ダフネ修道院はゆるやかな丘陵地帯の中に、広大な松林に囲まれて……閉鎖中だった。

入口の門の扉には大きな鍵が掛けられていて樹木の奥にギリシャ正教独特の丸い帽子の形をした赤屋根が見える。

敷地全体には高さ三メートル位のフェンスが張りめぐらされ、上には有刺鉄線が巻かれている。裏の方からなんとか入れるのじゃないかと、フェンスをたどりながら探していくとやっぱり一人入れる程の破られた部分を見つけて入ってみた。征子さんもその穴から入ってきた。寺院の方に近づくと、そこにもまた同じ高さのフェンスが張られている。私たちもしつこいが向こうも結構がんばる。二重に侵入を防いでモザイクを守っているのだろうか。

外側と内側のフェンスの間はすべて松林になっていて薄暗く、足元は土も見えない程の松の落葉がどこまでも絨毯のように広がっている。歩くとザク、ザクと音がして石の上ばかり歩いてきた足には心地いい。人の気配のない静かな僧院の裏庭をしばらく満喫して切り株の上に腰かけていると、二人の男が声を上げながら林の奥からやってきた。

破られたフェンスから入ったことはとがめられなかったが、この修道院はいずれ修復に入る、今、見学したいならアテネのナントカ会代表のダレソレの許可がいる、と言う。私たちはまた、表に戻り月桂樹《ダフネ》の木陰で飾り門の隙間から見える建物やフェンスの奥に見える中庭を眺めて時を過した。数人の見学者が来ては門の鍵を確かめて戻っていく。

樹木の繁り方や鍵のさびつき具合からすると、かなり前から閉鎖しているようだ。

千年も頑張ったんだから百年ばかりシエスタするのもいいかも知れない。

ダフネはねむり姫となる……か。

ギリシャ神話は古代ギリシャの人々の伝承を話にまとめたもので、その神サマたちは随分と行動的、人間世界を見るような存在だ。

天空を支配するゼウスは浮気男、奥さんのヘラの嫉妬がうるさいとこぼしながら次々に愛人を作り、それぞれにアポロン（光明の神）、アテナイ（アテネ・知の女神）、アフロディテ（ビーナス・芸術の女神）、ヘルメス（エルメス・商いの神）と異母兄弟の神々をもうける。

暴力的なポセイドン、妻子を殺して苦難を背負うヘラクレス、美しさを競い合ったばかりに起きたトロイア（トロイ）戦争、父親殺し、悲劇のオイディプス、狂恋のメディア、神との約束を破って壺を開けてしまったパンドラ、神サマたちは喜怒哀楽を合わせ持ち、まさに人間ドラマを展開するのがギリシャ神話である。

それも「あるところに……」というものではなくて具体的な場所がギリシャ周辺に多いことから、これは「おはなし」ではなく、現実にあった歴史なのだ、と信じて疑わなかった人がいた。

ドイツの貿易商ハインリヒ・シュリーマンは子供のころ読んだギリシャ神話の里を全財産を投げ打ってその場所を掘り返し、人々の嘲笑、あざけりを受けながらも遺跡を発見して、いくつかの「おはなし」が事実であったことを証明した。凄い人だ。

その一つのトロイ戦争の場所に、わたしも以前に訪れた。見渡す限りなんにもない平原の一部に掘られた跡がある。戦術に使われたと言われる有名なトロイの木馬が新しく作られていて、木で出来た、ちょうど二階建ての家ほどの大きさの木馬の中には階段も付いていて、馬の腹部に当たる二階の窓から外を眺めたことがある。

戦いの主役、美しい女神のカッサンドラは実在の女性だったのである。ではカッサンドラの先祖のゼウスも、もしや人間では？

アテネでのある日、私たちはコリントス運河を見たくて「ペロポネソス半島日帰りツアー」に参加して、またシュリーマンの足あとに出会うことになった。

観光バスには三十人程度のいろいろな国からの観光客、それにガイドとして最後に乗り込んできた女性には驚いた。細身の小柄な八十歳。十九世紀的な服、衿や袖口にレースのついたギャザーの多いワンピースの長さは足首まであって、バレーシューズのような靴を履き、リボン付きのフェルトの帽子を被り、背すじをまっすぐ伸ばした姿勢で石ころだらけの荒れた遺跡を軽々と先に立って歩く。

手の甲や首すじ、顔には年輪を感じるものの声は響き渡り、わたしが何よりも気に入ったのは話し方だった。

ギリシャ訛りの英語、というよりギリシャ叙事詩の朗読を聴いているような、抑揚があり、切れのある美しい話し方をする。どっちみち、これ英語?と疑うほどの言葉で何を言っているのかわからないので、わたしは詩か音楽を聴くように楽しんだ。

コリントス運河は崖に挟まれて八十メートルも下に一本のエメラルドグリーンの帯が遠くまで続いていた。

この運河を造るという夢は……古代ローマ、ジュリアス・シーザーも果せず、悪名高いネロ皇帝は、かなりの人材とお金を使って着手したが失敗、長年の悲願を達成したのは今からほんの一〇〇年前だったそうだ。この国は岩石の大地なのだろうか。

運河が出来てまもなく車や飛行機の時代に入り、夢は果たせても使われることもなく、ただ美しくも哀しいエメラルドグリーンの水をたたえているのだった。

シュリーマンが探し当てたミケーネ遺跡もまた、見渡す限り荒れた大地の一角、ここでアガメムノンが神サマではなく人間の王だったことを証明した。

出土したアガメムノンの黄金のマスクはアテネ考古学博物館の一番の宝で、数日前に私たちはこちらの方を先に見ている。土や石の重みで潰《つぶ》されて出てきた黄金のマスクは、全体に深い襞《ひだ》だらけのままピカピカに磨かれているのが怖かったが。

「オリンポス」の山々を眺め、「アポロン」の聖地に寄り、「ダフネ」の帰りには「アテネ通り」を歩いて私たちのホテル「アフロディテ」に戻る……ギリシャの旅は神サマのはしごをしてるみたいだ。

カフェテラス

欠航ハプニング

私たちはまた、近くの島へ息抜きに出かけた。

車とバイクの乗り入れを禁止している、小さなイドラ島へ二泊三日のシエスタの旅だ。

船の出るゼア港も小さな港、着いた時には連絡船が一艘だけ停泊していた。

チケット売場に向かうと十人ばかりの観光客らしい人達が不安気な表情で立っている。窓口に行くと、

「風が強いから欠航です」

と言う。この程度の風で……私たちも呆然としていると、同じくイドラ島へ行くという若いイギリス人男性が窓口の人に何かを尋ねたあと、私たちに教えてくれた。

「あの連絡船はポロス島まで行くそうです。そこへ行ってイドラ島行きの別の船に乗り換えればいいでしょう」

私たちは彼のあとについて船に乗った。

船は満席の客を乗せて三時間ほど揺れながらポロス島に運んでくれた。

降りる時に例のイギリス人が女性と一緒にいるのを見て「カップルだったのね」とおばさんチェックもおこたらない。

船の案内所を見つけると、イドラ島行き、三時、というのがあった。

「出ますか?」

「はい!」と明快な声で答えてくれたので、それまで三時間のポロス島探検にくり出した。

港に面してずらりとテントを張ったカフェニオン(軽食喫茶)が並んでいる。そのうしろは急な傾斜の山になっていて、中腹あたりに民家が貼りつくように見える。

カフェニオンの間から深い階段を上ると、今度はずらりとみやげもの屋が並んでいる。その道の端に民宿の看板もある。二十分で島の様子は大体分った。次にお店を一軒づつ覗いてみることにした。安い装飾品ばかりを置いている店に入ると若い店員が「コニチワ」と言う。なぜ日本語を話すのか尋ねてみると、日本人は毎日大型客船からドッと降りてきて一時間もするとドッと船に戻るそうだ。「ニホンジン、ハル、ナツ、アキ、フユ、キマス」。きっとツアーの島めぐりクルーズにこのポロス島も入っ

ているのだ。それにしても冬の島々の寒さは厳しく人影も少ないそうだが。

まだ時間がある。階段を降りてカフェニオンで昼食にサンドイッチをほおばりながら港を眺めていると、例のイギリス人の彼女が沈んだ姿で一人歩いていた。

「きっと別れたのよ」。おばさん達のトーンが上る。

そこへ白い大きな客船が停まり、いろいろな国の観光客に混って大勢の日本人の姿が見えた。さき程の店員が言っていた「一時間」のグループだろうか。

最初にヨーロッパ人ガイドと思われる女性が降りるやいなや大きな紙を両手で持ち上げてスペイン語で大声をはり上げている。紙には2：50と書かれている。二時五十分集合。スペイン人たちはガイドの声や紙に目もくれずに勝手に散っていく。ガイドの声はかなり使い切ったしゃがれ声だ。もう一人のガイドも同じ事をしている、イタリア語のようだ。ここまでしないとまとまらないのだろうか。

日本人は静かに降りてくる。ガイドがどの人か分らない。きっと船が着く前にこの島のことや集合時間の説明を皆、頭に入れているのだ。

食事が終って立ち上った時二人の日本人が近くにいて、少し話しをした。父親と娘。十日の休みがとれたので大学生の娘さんを誘って旅が出来るのが嬉しい、と話している。二人とも楽しくてたまらない様子だ。十日間のギリシャの旅に参加して、

「今日の一日クルーズはここポロス島のあとイドラ島を回って――」

「あらー？　私たちも今からイドラ島へ行くんですよ」

二時五十分の集合だから早めに船に戻るという二人と別れて私たちも三時の船のチケットを買いに行った。売り場の人は平気な顔で、

「風が強くて出ません」

と言う。さっきは「出ます！」と言い切ったばかりなのに！

私たちは同時に自分の腕時計を見て、二時四十分を確認すると、同時に「行こ！」と売り場をとび出した。

まだ間に合う、白い豪華客船に人が上っていくのが見える。

走りながら考えた。乗船代を一体だれに払うのか、このまま乗り込んでも二人ぐらい分らないかも……。見つかったらその時は払うつもりでいても、やはりうしろめたい気持ちで外国人の観光客に紛れ込んでタラップを上った。

それでも彼等は皆、小さなショルダーバッグ姿の身軽さ、私たちは三日分の荷物姿であることに気がついて、上ったままデッキから動けなかった。

右を見るとドアの向こうには多くの観光客がそれぞれの椅子に座っているのが見える。奥の方に日本人の顔や帽子姿も見える。

「あっちに入ったらバレるよね」

左を見るとドアのガラス越しに大きな丸いテーブルを囲んで立派な椅子がいくつか置いてあるのが見える。社長室の応接間といった感じの中に人のいる気配はない。

本当にこの船は今からイドラ島へ行くのだろうか、あの親子の言葉にまちがいはないだろうか、まだタラップが架けられていて今なら戻ることも出来る。

目の前の機械室の扉が半分開いて、作業服を着た二人の男が道具を手にネジを締めたりしている姿が見える。手前の男に尋ねてみた。

「イドラ島には何時に着きますか？」

「二時間後」

……！　わたしにしては上等の質問をしたものだ。荷物を抱えたまま二人、デッキに立っていたのでは却って疑われる。左の応接間のドアをそっと開けて入ってみた。広い客間だ。クーラーも入って涼しい。厚めのマホガニーの丸いテーブルとゆったりとした肘付き椅子とのセットがあちこちに置いてある。片側にカウンターがあって、二人のウェイターが愛想良く挨拶してくれた時は、強張《こわば》っていた神経がまた一本軟らかくなる気がした。

私たちはクッションの良い皮張りの椅子にゆっくりと腰をかけ、ゆっくりとジュースを注文した。

気がつくと船は大海原の中、遠くにいくつかの島が消えてゆく。

三人の日本人女性が入ってきた時にはドキッとしながらも笑顔で挨拶を交わすと、彼女たちもジュースを注文して旅してきたエジプトの話をしている。エジプト・ギリシャのツアーに参加して今日、ギリシャに来たばかりと言う。

同じ日本人でもさき程の親子のグループだけではないようだ。エジプトの感想を尋ねると「私たちは過去のエジプトを見に行ったのです。現在のエジプトに価値はないですよ」などと訳のわからないことを言うので、それ以上は話さなかった。

船のスピーカーからスペイン語とギリシャ語、イタリア語、最後に日本語でそれぞれの国のガイドが寄港地イドラ島の大まかな案内をしている。日本人ガイドの「正面の時計台の先に博物館があります……」の案内に博物館がある程の島の大きさを思い、わたしも入ってみようと決めていたのに島での三日間思い出すことはなかった。

連絡船なら三時間かかるところを、この船は少々の風などビクともしない強さとスピードでまもなくイドラ島に着くと言う。

私たちは二人だけの秘密のいたずらをした顔つきで目くばせをして早めにデッキに並んだ。

ポロス島、みやげもの屋

島はなんにもない岩山、その中腹に風車が見える。それから船はゆっくり島を半周すると山一面赤い屋根の民家に変わり、そのまん中にすべり込むのだった。

私たちは胸の動悸を押さえて何くわぬ顔で船を降りきると、「くくっ」と声を出して喜び合った。


下船してわれわれに戻ると目の前に十頭ばかりの馬がいる。先の方にも、後ろにも多くの馬がいる。港に馬、という見慣れない光景に驚いていると、そのうちの一頭が突然目の前で「ドドーッ」と音をたてて石畳に倒れた。男が手綱《たづな》を引っぱり上げながら罵声をあげて叱りつけている。馬は自力で立ち上った。

ここの石畳は長年のうちに石の一つ一つの表面がまんまるく、つるつるに磨かれているのだ。わたしも滞在中に何度も片足がつるんとなった。島中のどんなに狭い坂道でさえ同じ丸っこい石畳になっていて、日が落ちて月明りに照らされた時などはまるで大きなビー玉がきらきらととび散って道路から頭を出しているようだ。

私たちのホテルは港から坂を登り切ったところにあった。客室は五つほどの小ぎれいで感じのいい家族経営の宿だ。宿泊代には朝食が含まれていて、その厨房では奥さんやおばあちゃんを見かけ、フロントにはご主人か娘さんがいる。

朝食は中庭でする。中庭には赤レンガが敷かれ、二本の樹木が影を作り木製のベンチが並べられていて奥には井戸がある。野外で食事をするのはいい。白いパラソルの下や木陰なら路上でも悪くないが中庭ならもっといい。

ここはギリシャで一番気に入ったホテルだった。ただ、ここもシャワーだけ。

「ギリシャ人はバスタブを使わないんですか」と尋ねるとしばらく考えて、

「それ、知ってます、でもギリシャ人は皆シャワーです」

島の至るところでろばや馬とすれ違う。木材を背に乗せていたり、小さな子供とスーツケースを乗せて両親は歩いてついていく姿を見たり。

港に出てそのまま道づたいに東の方へ行くと、手作りの店が並んでいる。織物の店、手作り小物、マクラメ編み、どの店もみやげもの屋というよりアート性の強いギャラリーと言える。

島の形にあわせて角を曲がると風景が一転し、岩が垂直に落ちた崖、道をはさんでエメラルドグリーンの海が広がっている。眼下の岩場に服が脱ぎ捨ててある。よく見ると崖の影を受けて濃紺色の海で人が泳いでいる。

エーゲ海か地中海で泳ぐつもりで水着を用意してきたのにイスタンブールに忘れてきたことを悔んだ。でも、更衣室がない。水着のまま歩いている人を何人も見たし、あの岩場の上で着換えてる人も見た。

サンドイッチの店で、パリから来て一ヶ月のバカンスをこの島で過している、という家族と会った。人形のようにかわいい二人の女の子と両親は、皆、水着姿でサンドイッチを食べている。

それにしてもヨーロッパ観光客のバカンスに対する意気込みといったら……水着というより下着に近い姿で街を闊歩していたり、ボッティチェリの絵さながら透け方もハンパじゃないうす布を巻いていたり。島のおじさん、おばさん達はいつまでも目で追っている。サントリーニ島にはこういう人達がもっと多かった。

でも帰りの船の中では普通の服装になっている。

突端の角から港を眺めると島全体が視野の中にすっぽりと収まった。弓形に曲った港を囲むように商店やカフェニオンが並び、山に向かって階段状に白壁と赤屋根が連なっている。かわいくてきれいな島だ。海運業で富を築いたアリストトール・オナシスもこの島を気にいっていたそうで、彼の豪華ヨットはいつも「そこ」に停っていた、と店の人がゆび指して話していた。

おみやげには羊の頭のついた指輪を、と約束していたものが店のショーウィンドウに飾られている。やっと見つけた。店の人は日本円に直すと約六千円（二万ドラクマ）だと言う。

……いくらまで下げられるのだろう。

まじめそうな中年の女性店員は、そう簡単には折れないような顔をしている。

日本語で「では始めましょうか」とガッツポーズをして見せると彼女はくくっと笑った。

「三千円（一万ドラクマ）」

「シノーッ！　これはダレソレデザイナーのものですよ」と言いながら計算器（大きめの古いタイプ）をトントンと押し、わたしの方へ向けた、見ると五七〇〇円に下っている。わたしも、

「これ、わたしのじゃないのよ、おみやげなんだから」と言いながらその数字を三五〇〇円に押し直して彼女の方へ向けると彼女は急に笑い出して握手を求め、

「あなたは強い、わたしも強いから負けません！」

と、手を力強く握る。二人とも笑顔で適当な理由づけをしながら何度かの交渉の後に「ＯＫ！」と決まった値段は約四千円だった。

今日の買い物ゲームはどちらの勝ちか、彼女はていねいにリボンまで付けてくれて、また握手をした。

荷を運ぶ馬たち

イドラ・ハーバー

前の日に決めていたスケッチポイントに来た。左に切り立った崖、右に広い海、その角に一軒の低い赤屋根の民家のとり合わせが面白い。

路上に大きな箱の形をした金属の廃棄物があるのでその影に座って描き出した。港周辺と違って泳ぎに行く人が通り過ぎると、あとは波の音だけが聴こえる。そろそろシエスタの時間だ……と思っていると突然後方から大勢の人の走ってくる音が聞こえた。

何が起きたのか、ふり向くと逆光を受けて黒っぽく見える一団がこっちへ走ってくる。

日本の男たちだ！　向こうもわたしに気がついたのか、日本語で、

「海水浴場はどっちですかー！」

と走りながら聞いてくる。とっさにきのうの船の人達を思い出し、岩場の方をゆび指しながら大声で、

「こっちでーす！」

彼等は走りを止めずに「ありがとーっ！」とわたしの横をすり抜けて行った。六人の足音のドドドという音が小さくなってゆく。

一瞬の出来事だった。なぜか彼等を恥しいとは思わなかった。島めぐりクルーズのコースに入るこの島で一時間、彼等は船を降りる前にガイドから聞いた地理を頭に入れ込み、泳いで、店を覗いて、または市場見学の後にカフェニオンでギリシャコーヒーを飲んで時間通りに船に戻る、という各自のプランを実行に移している。

人々が昼寝をしている間に走り回る……ガンバレ日本の男たち、わたしは心で応援していた。

Sv. Dominikanski
井戸

ビザンティンの庭

約一ヶ月のギリシャの旅を終えて、またイスタンブールに戻ってきた。

フロント係の人から「お帰りなさい」「旅はどうでした？」と挨拶をされるのは嬉しい。最初にイスタンブールで選んだホテルはシルケジ駅の裏、一泊八ドル（九六〇円）の、清潔とは言えない、ただ安いだけのバックパッカー人気のホテルだった。

部屋の窓を開けると道路をはさんで破れたガラス、人が住んでいそうにない崩れかけた鉄筋の建物などがずらりと並んで見えるだけだったが、屋上《テラス》にはもの干し台が自由に使えるようになっていて、そこからシルケジ駅の屋根越しに青く輝くボスポラスの海を眺めるのは楽しみだった。

二つめのホテルは朝食付き、一五〇〇円の清潔で新しい小さな木造ホテル。三階までは客間、その上のテラスは朝食の場所になっている。まだホテルを決めかねているとき、このテラスに一歩上ったとたん突然青い光の中に入り込んだように、マルマラ海と高い空の中にいて思わず歓喜の声をあげた。反対側には樹木の間からブルーモスクの丸い屋根とミナレット（尖塔）が見える。身を乗り出して下を見ると、放置され伸びるにまかせたジャングルのような雑木の下にこのホテルの小さな中庭がある。イスタンブールを出たり戻ったりしてもホテルはずっとここにしようと決めていた。

この「タシュコナック」という名のホテルはブルーモスク裏の坂を下り曲った一角にあり、周辺の崩れかけた家や民家の間を縫って降りていくと目のさめるようなマルマラ海に出る。

部屋は狭い道路に面した二階、窓を開けると目の前にモスクの屋根とミナレットの一部がある。下町の小さな寺院なのだ。夕食を終えてホテルへ戻りシャワーを浴びて窓を開け、涼しい風に身をさらしながら下を覗くと、寺院の入口にある細長い石に、どこからともなく一人、また一人と年配の男たちが集まって来ては腰をかける。彼等が寺院の中に消えると、まもなく目の前の、ミナレットの中央部に設置されているスピーカーから大きく拡大された声のアザーン（詠唱）が聴こえ出す。

モスクの小さな窓の一ヵ所だけは、いつも開いたままになっていて、そこから木製の床に一人分の絨毯を敷いてひざをつき、頭をつけて祈る姿が見える。個人の絨毯は室内のどこかに保管しているようだ。

スピーカーは二個が背中合わせに付けられていて、その一つがこの部屋に向いてるから、まだ暗い朝一番のアザーンが始まったときは飛び上ってしまう。

寺院に来る多くは年配の男性で、若い人はたまにしか見かけない。ケレン達に一日中イスタンブールを案内してもらった時にも「お祈りしなくていいの?」と尋ねると「帰ってからまとめてやります」と答えている。ホテルのフロントの人たちも仕事中は祈ってなかったようだ。

このホテルのオーナーを一度だけ見たが、いつもはフロントに中年のクルド人とサワシェという名の青年がいて、他にまだ少年のような朝食係、買物をしたり雑用もしている男の子、朝食が終わるころには客室の掃除係の母と娘に出会う。

客室が十室程度のホテルだからテラスでの朝食時には宿泊客が顔を合わせ、会釈を交わすこともある。朝食はバイキング式、トルコ料理というよりヨーロッパ料理に近い。

「街であなたを見かけた」と英語で話しかけてきた二人のロシア人女性は二泊するといなくなった。友達だという彼女たちは二人とも頬の肉がぽったりとついていて、よく笑い人なつっこい。たくましく肥っている、あの典型的なロシア中年女性の予備軍といった感じだった。

三日目に隣り合わせになって話しをすることになったイラン人一家は両親と娘。背広姿のお父さんはテヘラン大学で、チャドルを被ったお母さんは小学校で共に教師をしている。娘さんはいつも白いブラウスにすらりと伸びたスラックス姿、長い黒髪をうしろでまとめ、瞳のはっきりしたエキゾチックな美人、彼女はニューヨークで医者をしている。久しぶりに親子でイスタンブール・バカンスを楽しみ、今日また別々の国へ戻っていくと言う。彼女は、

「お世話になった人にあげようと思って……」

と言って部屋からイランのお菓子を持ってきた。一方は箱入りの、ふたを開けると一面白い片くり粉、その下に小さく切られたぎゅうひかお餅のような感触のお菓子がお砂糖でくるまれている。もう一方の「フルーツ」と言っていたのは食べてみると杏《あんず》のドライフルーツだった。杏はイランで沢山とれるそうだ。ビニール袋いっぱいもらって征子さんと二人食べきれずに日本まで持ち帰った。

わたしは外出から戻るとフロントの奥の中庭に置かれている椅子に腰かける。この小さな庭が好きだ。

学校の教室ほどの広さの中庭はすべて赤レンガが敷かれ、左に階段を数段下りると

職員プライベート用の地下室ドアがある。庭の左側とつき当りには古い、崩れかけた石壁がそのまま放置されている。ただ、この壊れた壁はその外側をとりまくジャングルのような鬱蒼と繁り伸びるにまかせた樹木とは不思議に調和している。……それにしても、新しいホテルなのになぜ敷地の塀だけが放置されているのだろう？

中庭には巨大な数本の無花果《いちじく》の木と、それにくねくねとからみつきながら高く伸びていくぶどうの枝や葉が空を覆いつくしている。フロントから一歩足を伸ばすだけで想像もつかない神秘の世界に迷い込むようだ。

ギリシャの旅から戻ってからは征子さんは二階の広い部屋、わたしは三階の狭くてもバルコニー付きの部屋に当てられた。前からこの部屋に泊まりたかったのだ。バルコニーは畳一枚分の広さ、ちょうどフロントの真上にあたり、目の前には下から立ち上ってきた無花果の枝や大きな葉、ぶどうの葉やつる、なんだかわからない木の根っこがあちこちの枝からぶら下りからみ合いながら天を目ざしている。無花果もぶどうもうす緑色の固い実を沢山つけていて、あと一ヶ月もするとここからいくらでも摘み取れそうだ。眼下には赤い中庭も見え隠れしている。

バルコニーにはプラスティックの椅子が置かれていて、日本に帰るまでの四回の夜はこの椅子に腰かけて飽きることなく外を眺めた。

最初の夜、崩れた壁の向こうが見えた。二つの裸電球の下《もと》で家族が食事をしているのだ。昼間は暗いほどの樹木の薮《やぶ》だと思ってた所が、闇の中に小さな明りがあるだけで葉のすき間からでもこんなにもはっきり見えるものなのか。

花壇を仕切っている石を椅子代わりにおじいちゃん、お父さん、息子（に見える）の順に座り、チャドルを被った女性が二人、右奥のトタン屋根の建物に入っては両手に料理を持って出てくる。テーブルは低い、膝の高さ、そこは民家の野外の食堂兼居間のようだ。民家とホテルとの二つの庭を隔てている崩れた壁となにかの木とをつないで紐を張って洗濯物が下っている。建物に出入りする度に洗濯物をふり避《よ》けて通っている。時々笑い声が聞こえて夕餉の宴が十二時ごろに終り、灯りが消された時、わたしは黒い森の中にとり残されたようだった。と、左の方からも遠く人の声が聞こえる。見ると人影は分らないが高みにゆれる葉の間からちろちろと明りが漏れている。

なぜあんなところに……。朝、もう一度左の樹木の奥をよく見ると、そこには大きな石が積み重ねられ、その石と石とのすき間から植物が育ち、長い年月のうちに植物で覆い隠されてしまった崖だったのである。この崖の向こうにブルーモスクが建っているはずだ。

日本へ帰る前の日、まだ夕食には少し時間があるので中庭に入ってみると、結婚式を終えたカップルがウェディングドレス姿のままジュースを飲み、フロント係の緑色の目をした男性とはしゃいでいる。知人だそうだ。

わたしもたわむれに二人の姿を描かせてもらった。フロント係が絵を見ながら新郎の少し薄くなった髪の描き方を「多すぎる」などと言って笑っている。ついでに、あの古い石壁を背景《バック》に入れたあと、ふと彼に尋ねてみた。

「この場所は以前何だったのですか」

「ビザンティン時代の教会の跡です」

……思いがけない答えに両腕のうぶ毛が総立ちする感覚を覚えた。

彼は、雷に撃たれたように次の言葉の出ないわたしを左側の崖の手前まで案内する

と、

「ここはビザンティン初期の教会外壁の部分です。研究者が時々来るのでどの壁にも手を加えられないのです」

わたしはふるえる手でそっと触ってみた。カサッとして痛い。石も千五百年風雨に曝《さら》されると艶も水分もなくなるのだ。中心ラインは素焼きレンガ《テラコッタ》で飾られていたらしく、往時は赤色だったような色の名残りが感じられた。

教会の裏山には、それから千年の後にブルーモスクが建てられたのだった……。

わたしにとって謎を秘めたこの中庭、ビザンティンの旅を終えようとする時に何ということなんだろう。象徴的ともいえる出来事にわたしはただ棒立ちになって佇んでいた。

風の塔

田代桂子（たしろ　けいこ）
1940年生まれ。
コンクール、団体展、グループ展、個展などで作品を発表。
画文集『ノスタルジア・ポルトガル』『スペイン・ロマネスク』
『イタリアの風』（石風社）を出版。

現住所　福岡県遠賀郡芦屋町白浜7－10　〒807－0111

ビザンティンの庭

定価5000円＋税

＊

2002年10月10日発行

著　者　田代桂子

発行者　福元満治

発行所　石　風　社

福岡市中央区渡辺通２丁目３番24号　〒810-0004
電話092（714）4838　FAX092（725）3440

＊

印刷・製本　瞬報社写真印刷株式会社